Der Autor

Horst Krohne ist einer der bekanntesten und erfolgreichsten Geistheiler Europas. In Zusammenarbeit mit Ärzten und Therapeuten forscht er seit über 25 Jahren auf diesem Gebiet und gründete die »Schule für Geistheilung« in Frankfurt/Main, die inzwischen über 2.000 Therapeuten ausgebildet hat. Er ist Autor mehrerer erfolgreicher Bücher.

Vom Autor sind in unserem Hause erschienen:

Heilende Hände bei Allergie
Geistheilung

Horst Krohne

GEIST HEILUNG

DIALOG MIT DER SEELE

Ullstein

Besuchen Sie uns im Internet:
www.ullstein-taschenbuch.de

Allegria im Ullstein Taschenbuch

Ullstein Taschenbuch ist ein Verlag
der Ullstein Buchverlage GmbH, Berlin.
Neuausgabe im Ullstein Taschenbuch
1. Auflage März 2013
© 2010 by Ullstein Buchverlage GmbH, Berlin
Umschlaggestaltung: FranklDesign, München
Umschlagillustration: Ackermann/Frankl
Gesetzt aus der Baskerville
Satz: Keller & Keller GbR
Papier: Pamo Super von Arctic Paper Mochenwangen GmbH
Druck und Bindearbeiten: GGP Media GmbH, Pößneck
Printed in Germany
ISBN 978-3-548-74583-1

INHALT

VORWORT VON ANTONIE PEPPLER 7
EINFÜHRUNG 11

TEIL 1: DIALOG MIT DER SEELE 15
Geistheilung – Dialog mit der Seele 17
Wir leben im Zeitalter der Elektrodynamik 21
In die Veränderungen hinein leben 32
Motive zum Heilen 35
Unheilbar krank – austherapiert 43
Wenn Vertrauen fehlt 45
Wenn Verantwortung fehlt 53
Mangel an Freiheit 60
Kommunikationsstörungen im Chakrensystem 72
Resonanzfähigkeit 77
Seelenkraft 82
Die sieben Hauptchakren 86
Kommunikationsstörungen zwischen zwei Chakren 91
Vom Zweifel zur Einsicht 101
Der Weg in die Heilung 108

TEIL 2: FRAGEN UND ANTWORTEN 113

NACHWORT VON ANNELI KROHNE-HÖSBACHER 225
DANKSAGUNG VON HORST KROHNE 229
ÜBER DEN AUTOR 230
BÜCHER UND CDS VON HORST KROHNE 232
KONTAKTMÖGLICHKEITEN 233
FUSSNOTEN 234

Vorwort

Wieder einmal ist es Horst Krohne gelungen, den Prozess der Geistheilung für den Verstand »sichtbar« zu machen und seine Inhalte sowohl für den Patienten als auch für den Heiler selbst nachvollziehbar zu strukturieren. So enthält dieses Buch nicht nur eine qualifizierte Anleitung für den Prozess des Heilens, sondern entlarvt noch dazu scheinbare »medizinische Wahrheiten«, wie das der Unheilbarkeit, als Vorurteile und bietet damit Patienten neue Hoffnung auf Gesundung. Eine solche Hoffnung wird allerdings für sich genommen, ohne die Übernahme von Eigenverantwortlichkeit, kaum zum Ziel führen, und so vermittelt das Buch auch eindringlich die Bedeutung positiver Lebensimpulse, eingebunden in Freiheit, Vertrauen und Verantwortung, als Basis eines gesunden, freudvollen Lebens.

Gleichzeitig geht der Autor vertiefend auf die Bedeutung und den Begriff des »Bewusstseins« ein. Er erinnert uns daran, dass unser Intellekt, »unser Tagesbewusstsein«, wie er es treffend nennt, nur einen Aspekt unseres Gesamtbewusstseins darstellt, und er zeigt auf, wie die einzelnen Bewusstseinsanteile einander befruchten und bedingen.

In gewohnter Klarheit beschreibt Horst Krohne seine erfolgreiche Methode der Geistheilung und stellt jene »üblichen« Hindernisse und Hürden vor, die tatsächlich oder scheinbar Heilung verhindern.

Zu diesem Themenkomplex gehört auch Aggression, die als »Informationsträger«, als wertfreier Bestandteil menschlichen Seins, vorgestellt und als wichtiger, dem Leben zugehöriger Teil der Resonanz akzeptiert wird.

Der Autor identifiziert und diagnostiziert die Ursachen von Therapieresistenzen, die sich unter anderem als globale Motivationsthematik, in Glaubenssätzen, Desorientierung oder unerlösten Konflikten manifestieren. Dabei werden Verantwortung, Freiheit und Vertrauen in einen Kontext gestellt, der es uns ermöglicht, ihre tiefe Bedeutung sowohl in unserem Tages- oder Gesamtbewusstsein als auch in der Therapie selbst zu erkennen.

Als besonders wertvoll empfinde ich zudem die Darstellung der Funktionalität der Chakren, ihre Bedeutung als Bindeglieder zwischen Bewusstsein und Überbewusstsein sowie deren Kommunikation untereinander. Es wird deutlich, dass sich im Spiel der Chakren einer der typischen menschlichen Selbstschutzmechanismen zur Vermeidung von Verletzungen spiegelt, der Rückzug von Kommunikation und Gemeinschaft, der auch in den psychologischen Verhaltensmustern von Menschen wiederzufinden ist, und der Autor zeigt anhand des Informationsaustausches der Chakren deutlich, wie Krankheit entstehen kann. Betrachtet man dieses Zusammenspiel der wirbelnden Energiefelder unseres Körpers oder eben dessen Fehlen, wird der Stellenwert der Kommunikation als unabdingbarer Bestandteil am heilenden Bewusstsein deutlich.

Im Zusammenhang mit diesem Informationsaustausch wird auch eindrucksvoll dargestellt, welche Bedeutung der inneren – sozusagen internen – Kommunikation zwischen Körperbewusstsein und dem Psychisch-Seelischen, zwischen Körper und Seele, zukommt, und welche Rolle eine diesbezüglich bestehende Instabilität spielen kann.

In einem ausführlichen Dialogteil geht Horst Krohne zu guter Letzt noch auf die spannenden, sehr typischen und immer wieder gestellten Fragen im Zusammenhang mit seiner Methode des Geistigen Heilens ein und vermittelt »ganz nebenbei« nicht nur einen Einblick in seine Methode, sondern auch in seinen zutiefst ethischen Wertekanon.

Als Therapeutenkollegen erhalten wir aus diesem Buch anhand der aufgeführten Beispiele wertvolle praktische Hinweise zur Heilmethodik und werden bei der Gelegenheit ebenso sanft wie direkt auf die verantwortungsvolle Anwendung heilerischer Kräfte und auf die Eigenverantwortung des Patienten hingewiesen.

Für mich als Homöopathin ist diese lebensnahe, praktische Anleitung des Geistigen Heilens besonders deshalb von höchstem Interesse, weil es die folgerichtige innere Logik und Übereinstimmung der Struktur des dargestellten Heilungsprozesses mit der Sichtweise der Kreativen Homöopathie aufzeigt. Die vergleichende Betrachtung beider Heilungssysteme war für mich eine große Bereicherung.

Geistheilung kann, will und ist hoffendes, liebendes Heilen des Selbst – zur Selbsterkenntnis, Selbstverwirklichung und Selbstverantwortung.

Für uns alle wünsche ich mir, dass auch dieses Werk wieder jenen wichtigen Stellenwert erhält, den auch die anderen Bücher des Autors auszeichnet – den eines verbindenden Elements von Geistheilung, Medizin, Homöopathie, Naturheilkunde und Psychologie.

Antonie Peppler
Großheubach, September 2009

Einführung

Meistens wird versucht, unsere gesundheitlichen Probleme aus der Haltung einer engen materialistischen Weltanschauung zu lösen. Bei solchen Betrachtungen wird ein entscheidender Faktor übersehen, nämlich der, dass wir alle Teil eines lebendigen Universums sind. Durchdrungen vom schöpferischen Geist und aus Energien bestehend, entwickelt sich unser Bewusstsein mit Intelligenz und Liebe. Dieser Entwicklungsprozess geht durch Höhen und Tiefen und endet oft in einer problematischen Auseinandersetzung mit uns selbst, der Umwelt und der Schöpfung. So kann körperliche Krankheit entstehen, auch wenn der Verursacher im energetischen Bewusstsein liegt.

Dieses Buch bemüht sich, die Hintergründe von körperlichen, seelischen und geistigen Beschwerden aus bioenergetischer und seelischer Sicht aufzuzeigen und sie Heilungssuchenden und Therapeuten deutlich zu machen.

Vor der Heilanwendung, so wird im Allgemeinen gesagt, liegt die Diagnose. Setzt man bei der Anwendung geistige Kräfte ein, ist Diagnose eher etwas Untergeordnetes. Geistheilung ist eine göttliche Gabe, und für Gott ist alles möglich. Aber damit Heilung ein sicheres Ergebnis unserer Bemühungen ist, muss meiner Erfahrung nach – und damit stehe ich nicht allein – der *Verursacher* aufgedeckt, gemieden und verändert werden. Dabei stellen Heilungen ohne Diagnostik, nur mit dem Geist der Schöpfung, so wundervoll sie auch sein mögen, eher die Ausnahme dar.

Einführung

Die aus der Praxis gewonnenen Erkenntnisse zeigen, dass oft Kommunikationsstörungen in unseren verschiedenen Energiefeldern zu ernsthaften Erkrankungen im Körper führen.

Ein Teil des Buches befasst sich mit Antworten auf Fragen, die eine neue Sicht des Geistigen Heilens erkennen lassen. Aber dieses Buch ist *kein* Versuch, dem Leser einen Glauben aufzuzwingen, vielmehr geht es darum, die gewonnenen Ergebnisse von Theorie und Praxis offenzulegen und weiterzugeben. Diese Ergebnisse bringen nichts zum Ausdruck, was der Mensch auf irgendeiner Ebene seines Bewusstseins nicht schon *ist.*

Ich möchte auch mit Nachdruck festhalten, dass ich nur aus meinem eigenen Werdegang und aufgrund meiner eigenen Erfahrungen und Studien berichten kann. In einer Zeit wie dieser, mit ihren äußerst vielfältigen Bewegungen spirituellen und wissenschaftlichen Erwachens, soll dieses Buch einen Versuch darstellen, mitzuhelfen am aufblühenden Bewusstsein der Menschen. Vielleicht tragen dazu auch die vielen *medialen Durchsagen* bei, die in der Heilung immer wieder eine praktische Hilfe für mich waren. Sie machen deutlich, dass die Geistige Welt unablässig für uns da ist, wenn wir nur unsere Aufmerksamkeit auf sie richten.

»Begierig nimmt das Leben jede Information auf, die zur Selbstregulierung führt. Ob dies durch chemische Substanzen geschieht oder durch Energie, das Bewusstsein des Lebens, die Seele, wählt aus allen Informationen das aus, was notwendig ist!«

Horst Krohne
Teneriffa, Juli 2009

TEIL 1

DIALOG MIT DER SEELE

Geistheilung – Dialog mit der Seele

Die fundamentalen Fragen in der Heilkunde sind seit Jahrtausenden dieselben, und sie sind auch im Zeitalter der modernen Medizin nicht verschwunden. Warum leiden wir? Was sind die wahren Hintergründe von Krankheit, Leid und Schmerz? Warum gibt es so große Unterschiede in den Formen und Ausprägungen des Leidens, und vor allem, warum gibt es so große Unterschiede in der Heilung?

Fast alle Religionen sagen uns, unser Schöpfer sei Gott, von ihm stamme das Leben in Form geistiger Energie, und mithilfe des Geistes existierten wir im materiellen Körper, und wenn wir uns von Gott abwandten, litten wir. Von anderer Seite wird uns gesagt, dass unser physischer Körper durch Abnutzung und Fehlfunktionen Krankheiten und Gebrechen entwickelt, und manchmal hören wir auch, dass es an den Genen und der Vererbung liegt. Es gibt sogar Lehren, die erklären, unser eigenes Bewusstsein um unsere Unvollkommenheit sei der Grund für Krankheit und Leid. Wieder andere behaupten, unser Denken, unsere Emotionen, unsere Psyche sei verantwortlich für das Krankwerden. Was also ist die Wahrheit, gibt es überhaupt eine Antwort auf diese Frage? Warum leiden wir?

Meine Lebenserfahrung sagt mir: Es ist falsch, sich mit dem Leid auseinanderzusetzen. Leid, Sorgen, Not und Krankheit sind die dunklen Seiten unserer Existenz. In der Welt der Gegensätze finden wir auch Gesundheit, Zufriedenheit und vor allem den Wechsel von der Not in die Freiheit, in die Heilung. Deshalb halte ich es für richtig, Erklärungen dafür zu finden, warum viele Menschen über weite Strecken ihres Lebens gesund sind, und wenn sie krank werden, warum sie dann Heilung finden. Wenn wir die oben genannten Fragen über Not und Leid ergründen wollen, ist es wohl angebracht, dort zu suchen, wo Leidensfreiheit besteht. Wahrscheinlich können uns die jung und gesund Gebliebenen wenig Auskunft geben. Suchen wir dagegen bei denen, denen es gelungen ist, die Seiten zu wechseln, so werden wir mit einiger Sicherheit Erklärungen finden. Einfach ausgedrückt: *Fragen wir nicht, warum wir krank werden, sondern fragen wir, wie wir gesund werden.*

Schon früh in meinem Leben habe ich erkannt, dass die medizinische Forschung zwar immer weiter voranschreitet, dass aber gleichzeitig lebende Organismen, stur oder raffiniert, den Weg in ein heiles Leben verweigern. Eine Entdeckung nach der anderen schildert biochemische Zusammenhänge, beschreibt Hormone, Enzyme, Wachstumsfaktoren, Tumor-Unterdrücker und vieles andere mehr. Doch trotz aller medizinischen Errungenschaften sind zwei Drittel der Patienten in den Warteräumen der Ärzte chronisch krank. Dort, wo Heilung *außerhalb* der medizinischen Errungenschaften geschieht, wird kaum geforscht. Wenn paranormale Phänomene und Heilungen durch Methoden auftreten, die alles andere als biologisch-medizinisch sind, wird weggeschaut.

Als Heranwachsender und auch in späteren Jahren hatte ich immer wieder Gelegenheit, Menschen zu erleben, die erfolgreich Kranke mit Methoden behandelten, die absolut nichts mit Medizin und Naturheilkunde zu tun hatten.

Alle diese Außenseitermethoden beruhten auf dem Glauben, dass es Energiefelder gibt, die unsere Physiologie und Gesundheit beeinflussen können. Angespornt durch Heilungserlebnisse ging meine ganze Aufmerksamkeit nun in diese Richtung. Als Erstes befasste ich mich mit der Akupunktur, erlernte ihre Anwendung und erlebte, dass diese Methode in der Lage war, Schmerzen und organische Fehlfunktionen zu beeinflussen und sogar zu heilen. Nach der chinesischen Darstellung wird hier die Urkraft Chi im Körper bewegt. Ob mit Nadeln, Licht, Elektromagnetismus oder durch Pressen, der Körper reagiert darauf, und wird der Reiz an die richtige Stelle gesetzt, reagiert er mit dem gewünschten Erfolg. Ich begann mich weiter mit Chi und Biomagnetismus zu beschäftigen. Was sind das für Energien, was ist Chi, was sind Chakren? Diese Fragen gingen mir nicht mehr aus dem Kopf. Bei der Suche nach Erklärungen in biologisch-medizinischen Lehrbüchern stieß ich auf ungedeutete, ungeklärte Faktoren.

Es begann mit der Nervenenergie. Ich hatte gelesen, dass unser Nervensystem eine Leistung von ca. 300 Watt hat. Wo kommt diese Spannung her, wie entsteht sie und – vor allem – wo oder wie wird diese Spannung aufrechterhalten und gesteuert? In den Nervenbahnen im Körper haben wir Spannungen von 1/100 bis 1/1000 Volt. Im Gehirn dagegen belaufen sie sich auf 1/100 000 Volt. Das sind Spannungsunterschiede in der Bioelektrizität von 1:1000. Wo sind die Transformatoren? Eine einwandfreie wissenschaftliche Erklärung fand ich nicht, aber mir fiel auf, dass immer behauptet wird, alles in unserem Körper sei nervlich bedingt, das Denken, alle Bewegungen, die Motorik, die Sinnesorgane. Das war ein Anfang. Aber obwohl seit meiner ersten

Fragestellung fünfunddreißig Jahre vergangen sind, fand ich bis heute keinen Mediziner, der mir diese Frage naturwissenschaftlich korrekt beantworten konnte, und der Fragenkomplex wurde immer größer.

Lehrsätze der Physik sagen beispielsweise, Magnetismus und Elektrizität allein gäbe es nicht. Magnetismus und Elektrizität bedingten sich gegenseitig, es existiere nur Elektromagnetismus. Diese physikalische Aussage setzt voraus, dass es neben dem elektrischen Nervensystem eine magnetische Komponente in etwa gleicher Energiedichte gibt. Leider taucht der Begriff des Biomagnetismus in der Schulmedizin nicht auf, geschweige denn, dass es eine biomagnetische Behandlungsmethode gäbe. Wenn uns die Physik sagt, Elektrizität und Magnetismus bedingen einander, und in der etablierten Heilkunde wird eine Hälfte nicht beachtet, dann bedeutet dies, dass die Schulmedizin einseitig vorgeht.

Aus Sicht der Physik zeigt sich das Universum als eine Integration voneinander abhängiger Energiefelder, die durch ein Netzwerk von Interaktionen verbunden sind. Wir als menschliche Wesen und alle anderen Lebensformen unterliegen denselben Gesetzmäßigkeiten. Das Leben nutzt – es kann überhaupt nicht anders – die physikalischen Gegebenheiten und dabei auch solche, die außerhalb der uns bekannten Physik liegen.

Wir leben im
Zeitalter der Elektrodynamik

Zur klassischen Physik ist die Quantenphysik hinzugekommen. Wir beherrschen in den Wunderwerken der Elektronik die Bewegung der Elektronen und Quanten. Die neue Physik lieferte dazu konstruktive Beiträge und legte so den Grundstein für das Informationszeitalter. Die Entwicklung der Fernsehtechnik, Computer, Lasertechnik, Mobiltelefon, um nur einige zu nennen, beruht auf den Erkenntnissen der Quantenphysik.

Doch welch großartigen Fortschritt hat die neue Physik in der Schulmedizin gemacht? In der Beurteilung und Komplexität aller am Leben beteiligten Energiesysteme – keinen. Obwohl der Mensch energetisch gesteuert wird, ist neben der Lage der Nervenbahnen kein Schaltplan aller anderen Energiefelder bekannt. Eine Ausnahme bildet die Akupunktur mit ihren Meridianen, doch diese wird nicht zur Schulmedizin gerechnet. Die neuesten Erkenntnisse der Quantenphysik werden von der Schulmedizin nicht genutzt, sie werden sogar gemieden. Die Folge davon ist, dass sich verschiedene, außerhalb der Schulmedizin liegende Heilmethoden mit Erfolg entwickeln.

Sosehr ich diese neuen »grenzwissenschaftlichen Methoden« bewundere, will ich damit die Schulmediziner nicht schlecht machen, denn sie sind zum Spielball einer gewaltigen Medizinindustrie geworden. Die heilerischen Fähigkeiten der Ärzte werden durch eine veraltete medizinische

Ausbildung behindert – eine Ausbildung, bei der die Materie im Mittelpunkt steht. Und dies, obwohl die Physik erkannt hat, dass das Universum eigentlich aus nichts anderem als Energie besteht. Die Gerätemedizin nutzt zwar hoch technische physikalische Apparaturen, jedoch nur um Veränderungen im Gewebe zu beurteilen. Und dies, obwohl bekannt ist, dass jede Veränderung der molekularen Materie ein energetischer *und* physikalischer Vorgang ist.

In den letzten fünfzig Jahren erbrachten Hunderte von wissenschaftlichen Studien, dass die »unsichtbaren Kräfte« aus dem elektromagnetischen Spektrum eine tief greifende Wirkung auf biologische Regelsysteme haben. Ob UV-Strahlung, Mikrowellen, akustische Frequenzen oder die vielen Energiemuster, die im Sprachgebrauch unter Elektrosmog bekannt sind, sie alle können die Chemie der Zellen, das Gewebe von Organen und vor allem Hormonausschüttungen beeinflussen. Gerade diese Hormone und Enzyme aber sind unabdingbar für den Erhalt des Lebens.

Neben der Akupunktur haben sich weitere äußerst erfolgreiche Methoden entwickelt, die sich der gleichen Energiemuster bedienen, die das Leben zur Heilung und Regulierung nutzt. Soweit ich es beurteilen kann, liegen sie alle außerhalb der Schulmedizin. Das führt nun dazu, dass es vom Ansatz her zwei grundverschiedene Heilmethoden gibt, auf der einen Seite die rein körperbezogene Schulmedizin und Naturheilkunde und als Gegenpol das bioenergetische und Geistige Heilen. Halb in beide Methoden eingebunden finden wir dann noch die Psychotherapie.

Wenn wir uns die Heilerfolge der Schulmedizin und der Geistheilung ansehen, zwei vom Ansatz her grundverschiedene Methoden, dann dürfte klar sein, dass wir ein neues Feld brauchen, eine interdisziplinäre Forschung. Wir sollten uns nicht scheuen, Chemie und Biologie sowie die Quantenphysik und Geistheilung in einem vereinten Forschungsbemühen zusammenzuführen. Aus solchen vereinten Bemühungen werden höchstwahrscheinlich Therapien hervorgehen, die sehr viel weniger Nebenwirkungen haben als Medikamente. Was einzelne Wissenschaftler und Laien bereits wissen, würde eine vorbehaltlose Forschung zweifellos bestätigen.

Alles Lebendige nimmt unsere Umgebung durch Energiefelder wahr, auch wir Menschen. Wir kommunizieren durch Energiefelder. Wenn wir die hypersensorischen außersinnlichen Wahrnehmungen noch dazunehmen, dürfte es einen Quantensprung in der Heilkunde geben. Dieser notwendige Paradigmenwechsel in der Medizin wird schon jetzt vorangetrieben, weil immer mehr Menschen ihre Hoffnung auf alternative und auch geistige Heilweisen setzen.

Trotz der vielen, oft wundersamen Heilungen durch Handauflegen, Hypnose und Gebet herrscht in der Medizin immer noch eine Trennung zwischen Geist und Materie. Weil der Geist aus einer nicht identifizierten, aber auf jeden Fall immateriellen Substanz besteht, können wir das Wesen des Geistes nicht erfassen. Naturwissenschaftlich stehen wir vor einem unlösbaren Rätsel, und darin liegt die Trennung zwischen Geist und Materie begründet. Wir können nicht länger ignorieren, dass die Kraft des Geistes heilen kann, besonders dann nicht, wenn Krankheiten verschwinden, für die es keine Erklärung gibt. Gerade in diesen außergewöhnlichen Fällen liegt die Grundlage für ein umfassendes Verständnis des Lebens – und es zeigt uns, dass heilende Regulierungen offensichtlich die etablierten »Wahrheiten« übertrumpfen. Unser lebendiger Körper besteht aus Materie, Energie *und* Geist.

Wir haben dieses Wissen bereits, aber es ist ein Rätsel, das nur gelöst werden kann, wenn wir den Vermittler zwischen Geist und Materie finden. Meiner Meinung nach kennen wir alle diesen Vermittler bereits: Es ist unsere Seele. Naturwissenschaftlich ist sie nicht begründbar und lässt sich bestenfalls als das »Unbewusste« definieren. Nehmen wir die Essenz aus religiösen und philosophischen Beschreibungen der Seele, dann ist sie ein Bewusstseinsfeld, das auf der einen Seite fest im Geist verankert ist und auf der anderen den Körper belebt. Leben ist Geist, und durch die Vermittlung der Seele entsteht Leben in der Materie.

Meine Erfahrungen als Geistheiler brachten mich zu der Überzeugung, dass Leben und auch Geistheilung ohne Seele nicht möglich ist. Genauer gesagt, müssen wir den Menschen als ein dreifaches Wesen aus Körper-Seele-Geist betrachten. Das unsterbliche Ich ist nicht der Körper, ist nicht die Seele, es ist der Geist. Um in die Dichte der Erscheinungswelt hinabzusteigen, muss sich der Geist eines Vermittlers bedienen, eines Dolmetschers. Nur durch die Vermittlung der Seele kann das Ewige Ich oder das Hohe Selbst die niedrig schwingenden dichteren Schichten im Universum beleben. So wird die Materie zur Wirklichkeit, im Sinne des Wirkens in ihr. Religiös ausgedrückt: »Macht Euch die Erde [Materie] untertan« (1 Mose 28). Wir müssen also unterscheiden zwischen dem Ewigen Ich und der Seele als Träger der individuellen Schöpfung, die den Körper formt.

Der menschliche Körper mit allen vererbten genetischen Möglichkeiten erhält durch die Geistseele ganz persönliche Fähigkeiten. Ich meine damit die von der Seele vermittelten Talente, die neben dem genetischen Erbe die jeweilige Persönlichkeit hervorbringen. Dadurch erhält auch der Körper einen feineren Aspekt. Aus dem großen Reservoir des höheren Bewusstseins (Geist, Ewiges Ich, Hohes Selbst) bringt die Seele ätherische Kräfte zum Fließen, die somit ein Geflecht von Vitalkräften entstehen lassen. Sie dienen dem physischen Leib und formen die mentalen und emotionalen sowie die willentlichen Aspekte unserer Persönlichkeit.

Wenn ich vom Geist oder von höherer Schwingung rede, meine ich selbstverständlich nicht räumlich entfernte Dimensionen. Eher sollte man sich feinere Ebenen, die dichtere durchdringen, vorstellen. Wir wissen alle, dass elektromagnetische Wellen feste Materie durchdringen können und dabei unsichtbar bleiben, es sei denn, wir haben Instrumente, die auf sie abgestimmt sind. Genauso existieren die »höheren Welten« zugleich mit denen, die wir um uns herum wahrnehmen. Alle Ebenen durchdringen sich gegenseitig. Um die höheren Welten wahrzunehmen, bedarf es keiner langen Reise durch den Raum. Im Gegenteil, die höheren Schwingungen oder geistigen Energien haben nichts mit unserer Vorstellung von Zeit und Raum zu tun. Wenn wir fragen, wo die höheren Welten zu finden sind, ist die einzige Antwort: Wo immer der Geist sich auf uns einstellen kann. Wir müssen jedoch lernen, uns auf eine höhere Schwingung einzustellen, für unsere fünf Sinne ist sie vorerst nicht erfassbar. Unsere fünf Sinne sind darauf abgestimmt, die Schwingungen der materiellen Welt zu empfangen. Sie sind wichtige Instrumente, mittels derer wir in unserem irdischen Körper wirken. Betrachten wir die fünf Sinne als einen Filter, der nur einem geringen Teil des kosmischen Lebens erlaubt, unser Tagesbewusstsein zu erreichen. Zu diesem Filter können wir auch das Verstandesbewusstsein zählen, unser logisch rationales Denken. Das Universum ist durchdrungen von der schöpferischen Kraft des göttlichen Geistes. Unser sich entfaltendes menschliches Bewusstsein benötigt einen Filter, um sich gegen das überwältigende Einströmen aus dem lebendigen Kosmos abzuschirmen. Unsere Seele als Filter schützt uns, damit wir die Wirklichkeit ertragen.

Unser Gehirn kann dabei als Instrument des Geistes verstanden werden, als Organ zum Widerspiegeln der göttlichen Ideen. Abgeschirmt, dosiert empfangend, wird der Intellekt fähig, innerhalb der Begrenzung in der Materie zu arbeiten. Gleichzeitig erfasst das höhere Bewusstsein die an das Gehirn gebundene Intelligenz und transzendiert unsere Gedanken zum Zentrum in das Feld der kollektiven Schöpfung. Der Austausch von Informationen zwischen dem kleinen Denken Mensch und dem Allumfassenden zeigt uns, dass gehirnloses Denken möglich ist. Dies bedeutet, wenn wir das Denken anheben, den Filter Seele verfeinern, ist eine Verbindung zum »Weltprozess« möglich. Wenn das physische Bewusstsein erweitert wird und Medialität entsteht, ist ein direktes und unmittelbares Erfassen der anderen Realität möglich.

Die Vorstellung verschiedener Bewusstseinsebenen, deren niedrigster und dichtester die Erde ist und deren höchste und feinste sich im Weltengeist zeigt, ist die grundlegende Weltsicht, um die es beim Geistigen Heilen geht.

Der Mensch als spirituelles Wesen kann die irdische Hülle durchbrechen und mit der Geistigen Welt kommunizieren lernen. Inspiration, Intuition und Medialität bieten Einblicke in das schöpferische Denken des Universums und stellen Erkundungen dar. Es gibt also feinere Sinne, unentwickelte und oft unerkannte Fähigkeiten, durch die wir höhere Welten wahrnehmen können. Dieses Vermögen kann durch Meditation und eine Vielfalt anderer Techniken geschult werden.

Ein Kontakt mit den spirituellen Welten ist jederzeit möglich, wenn wir imstande sind, das Gefühl des Getrenntseins zu überwinden, und wenn wir den Kontakt zu unserer Seele entwickeln. Sobald die Tür zu dieser verbindenden Berührung aufgeht, wird sich unsere Einstellung gegenüber dem Körper und der Welt zwangsläufig verändern. Dann betrachten wir die Seele so, als führe sie uns auf einer Reise durch die Dimensionen, einer Reise ohne Raum und Zeit. Die sich öffnende spirituelle Weltsicht bringt die Gewissheit mit sich, dass wir alle unsichtbare Führer haben, die liebevoll über unseren Fortschritt wachen, dass wir Helfer haben, die den Kontakt zu unserem Hohen Selbst ermöglichen, das wiederum im Verbund mit dem Kollektiven steht und somit Verbindungen zu anderen Wesen bietet. Es werden mit unseren geistigen Helfern Freundschaften entstehen, die wir nutzen können, um heilende Kräfte auf andere Menschen zu übertragen. Als Geistheiler bieten wir dann »ansteckende Gesundheit«.

Was wir als Geistheiler zu vermitteln suchen, ist das Konzept einer *grundlegenden Transformation*. Wir sind energetisch gesteuerte Wesen mit unterschiedlichen Feldern, die sich durchdringen und gegenseitig bedingen. Wir haben ein Bewusstsein, das in unterschiedlichen Dimensionen wirkt. Unser Tagesbewusstsein, unser Intellekt, hat sich zu einem erstaunlich fähigen Instrument entwickelt, und doch ist dieser Teil wohl der kleinste und schwächste Part vom Gesamtbewusstsein.

ZUSAMMENGEFASST HEISST DAS:

1. Wir Menschen sind aufgerufen, etwas zu akzeptieren, was für viele eine neue Wahrheit darstellt, nämlich die Tatsache, dass es überlegene Formen von Bewusstsein in uns gibt. Die uns noch weitgehend unbewussten Schichten können durch unterschiedliche Methoden und Techniken und auf verschiedene Art und Weise mit dem uns Überbewussten in Kontakt treten.

2. Die Intelligenz des Lebens, die nach universellem Gesetz und im Dienste der einen höchsten universellen Macht handelt, ist bemüht, den Menschen zu helfen. Durch heilende Vermittlung über Engel, Geistführer oder Ärzte aus dem Jenseits können Botschaften fließen, die dem Notleidenden Frieden und Gesundheit geben.

3. Den Heilberufen aller Disziplinen steht individuell und kollektiv die Möglichkeit offen, die neuesten Erkenntnisse der Geistheilung mit einzubeziehen und gemeinsame Lösungen in der Heilung anzustreben. Sie haben die Wahl, sich entweder als iso-

lierte Einheit zu betrachten, oder die Chance zu nutzen, dass wir diese höhere Weisheit und Intelligenz, die uns zugänglich gemacht worden ist, anerkennen und mit ihr zusammenarbeiten.

4. Wir haben zwar die freie Wahl, aber die Geistige Welt teilt uns medial mit, dass wir durchaus nicht immer imstande sein werden, die vielen Schwierigkeiten zu überwinden, die wir ständig selbst schaffen. Aber wir können sie überwinden, wenn wir direkt oder indirekt eine wirksame Verbindung mit der das ganze Universum regierenden Schöpferkraft eingehen. Dann wird uns in jeder Beziehung geholfen, Not und Krankheit leichter zu überwinden.

Die meisten von Ihnen werden sicher mit mir übereinstimmen, dass diese Vorstellung, wenn sie eintreffen sollte, uns Anlass zu echtem Optimismus gibt. Es ist keine theoretische Vision über das, was irgendwann in ferner Zukunft geschehen könnte. Im Gegenteil, alle großen Heiler, Sensitive und Lehrer versuchen uns klarzumachen, dass gerade jetzt wirklich etwas geschieht. Ständig kommt es zu neuen Entdeckungen in den Naturwissenschaften, in der Physik und in den Geisteswissenschaften. Wir werden Zeuge der physischen Erkenntnis und Einwirkungen durch die Welt der Ewigkeit. Die Ereignisse, in die wir hineinwachsen, stellen Berührungspunkte des Zeitlosen mit dem Raum-Zeit-Kontinuum dar.

Die Nebel, welche die Bewusstseinsebenen trennen, lichten sich, werden immer durchscheinender. Wir treten in ein neues Zeitalter ein, unterstützt von zwei Seiten, durch neue Feinmesstechniken, die die energetischen Felder des Lebens sichtbar werden lassen, und durch immer mehr mediale Menschen, die mit ihren außersinnlichen Wahrnehmungen Informationen transformieren. Es hängt von uns ab, wann und wo wir ein Verständnis dafür entwickeln, auf welche Weise das Diesseitige und das Jenseitige zu einem neuen Heilsweg zusammengeführt werden kann. Alles existiert schon – uns bleibt nur zu entscheiden, wie es konkret Gestalt annehmen kann.

Wir dürfen jedoch niemals vergessen, dass uns die Geistige Welt einen freien Willen gegeben hat. Zusammenarbeit kann also niemals erzwungen werden, auch wird sie nicht zustande kommen, wenn wir passiv bleiben und nur darauf warten. Kurz gesagt, es gibt keine Nötigung und keinen Zwang. Wir haben völlig freie Wahl, den neuen Erkenntnissen Gehör zu schenken oder sie zu ignorieren.

Wir können die Erkenntnisse derjenigen studieren, die in die geistigen Dimensionen einzudringen vermögen; das macht diese Freiheit so unbezahlbar. Wir müssen nicht einmal von der höheren Quelle wissen, denn sie ist als unsichtbare führende Kraft des Lebens für alle da und zeigt sich denen, die ihr Aufmerksamkeit schenken. Die Gefahren der Täuschung sind dabei nicht größer als in unserer Welt. Es gibt qualitativ unterschiedliche Ebenen der geistigen Durchdringung, doch die meisten Menschen werden erst durch intensive Beschäftigung damit und auf rationalem Weg zur Erkenntnis gelangen. Erst dann werden sie die Bestätigung erhalten, dass jeder von uns neben dem Hohen Selbst noch andere, unsichtbare Führer hat. Dann erst werden sie bereit sein, ihren Einfluss und ihre Anweisungen ohne Irreführung anzunehmen. Die Bereitschaft, stillschweigend anzuerkennen, dass überall schöpferische Intelligenz am Werke ist, kann als Grundverhalten bei der Geistheilung angesehen werden.

Normalerweise bemüht sich ein Therapeut, Krankheitsprobleme zu lösen, indem er sich stolz auf sein eigenes Können und Wissen verlässt. Bei der Geistheilung ist der Einzelne weiter voll verantwortlich, weiß aber zugleich, dass er ein Kanal spiritueller Kräfte ist und ein bestimmtes Maß an Führung akzeptieren muss. So wird der Heiler zum Begleiter und Mitwirkenden der schöpferischen Kraft des Lebens.

Geistiges Heilen erfordert ein ständiges Aufgeben des eigenen Willens und eine sich unablässig erneuernde Hingabe. Da aber gleichzeitig nötig ist, den freien Willen zu berücksichtigen, muss der geistige Heiler stets die Bitte um Heilung an sein höheres Selbst richten, damit ein Verschmelzen im Bewusstsein entsteht. Dadurch erfolgt das Einpflanzen der Seele in den Boden des Spirituellen, aus dem eine neue Kreativität hervorgeht. Die großen Heiler und Eingeweihten haben stets besondere Kraft in der Verschmelzung gezeigt, indem sie die spirituelle Dimension ins praktische Leben einbrachten.

IN DIE VERÄNDERUNGEN HINEIN LEBEN

Höchstwahrscheinlich sieht sich die Menschheit noch nie da gewesenen Krisen gegenüber. In vielen Bereichen ist ein Wendepunkt nicht gerade zum Positiven zu erwarten. Die unmittelbar bevorstehenden Veränderungen betreffen den ganzen Planeten. Die fossilen Brennstoffe gehen zur Neige, und die von der Industrie benötigten Rohstoffe werden immer knapper. Das Klima der Erde verändert sich, was katastrophale Folgen für die anwachsende hungernde und durstende Menschheit hat.

Wenn wir den dadurch entstehenden Herausforderungen richtig begegnen wollen, müssen wir lernen, unser Bewusstsein darin zu üben, diese Veränderungen anzunehmen und in das Neue *hinein zu leben,* ohne unser seelisches Gleichgewicht zu verlieren. Wenn wir mutig in die Ungewissheit schreiten, sollten wir den Ballast alter Formen, Gewohnheiten und Denkmuster ablegen. Die Veränderungen, die zu erwarten sind, werden wir ebenso im Sozialen und Psychologischen wie im Physiologischen erkennen.

Als Heiler möchte ich mich den Problemen der Mitmenschen zuwenden, die trotz aller therapeutischen Bemühungen nicht gesund werden. Ich glaube, dass der Druck der Leidenden dazu führt, dass wir eine höhere Sprosse der Heilkunde erlangen. Noch nie gab es so viele Menschen mit hochtrainierten Gehirnen, die gleichzeitig meditierend nach höherem Bewusstsein streben. Dabei geht es ihnen nicht darum, mehr Kontrolle über die Natur zu erlangen, in der nur der Angepassteste überlebt, vielmehr steht der Wunsch dahinter, den Sinn des Lebens zu ergründen, unser Wohin und Woher.

Meine Meditationserfahrungen zeigten mir, dass wissenschaftliche Erkenntnisse durch spirituelle Weisheit ergänzt werden können. Wie einst das Weltraumzeitalter durch Raketen eingeleitet wurde, die den Raum ausdehnten, erleben wir heute eine Erweiterung des Geistes, um den Intelligenzen des Universums begegnen zu können. Und eine solche Erweiterung führt in der Geistheilung zu echter Demut – eine ganz neue Seinsqualität gegenüber der vom Materialismus erzeugten Arroganz. Die dynamische und spirituelle Weltsicht erlebt der Geistheiler so, dass er keineswegs die großen intellektuellen Leistungen der modernen Wissenschaft schmälert.

Er ergänzt vielmehr Leistungen und bietet zugleich einen breiten sinnvollen Zusammenhang. In der schöpferischen Vorstellungskraft kann er erleben, dass Bewusstsein sofort überall sein kann. Für mich ist unser Bewusstsein nicht im Körper, unser Körper ist in unserem Bewusstsein. Unser Bewusstsein kann nach Belieben überall sein, der Körper ist bloß der Brennpunkt für eine begrenzte zeitliche Aktivität im irdischen Leben. Unsere Gedanken sind dort, wohin wir unsere Aufmerksamkeit lenken, und sie sind schneller als das Licht. Wenn uns bewusst wird, dass jeder Gedanke das Bestreben hat, sich zu verwirklichen, dann sind wir Mitgestalter der Schöpfung.

Es fällt leicht, das Gesagte als bloße Träumerei abzutun, doch in jedem Fall ist die Wirkung unmittelbar und nachprüfbar. Ich spreche hier nicht über irgendeine vage »spirituelle Metaphysik«, sondern über die Wirklichkeit des lebendigen Geistes, der aus uns noch unsichtbaren Ebenen wirkt und das Zeitliche überwinden und menschliches Leben verwandeln kann. Obwohl der einzelne Mensch an sich nur eine winzige Einheit ist, vollbringt er im Verbund mit dem Allumfassenden eine Tat von kosmischem Ausmaß.

Die Transformation des Lebens erfolgt *in uns,* unsere Seele ist der Katalysator, und so weben wir den Körper aus dem Stoff des Geistes. Wenn wir in diesen Pulsschlag des Geistes hineinhorchen, wird höhere Intelligenz und Liebe unser Bewusstsein durchfluten. Das ist der erste Schritt, und nun können wir anfangen, uns den höheren Ebenen des Lichtes zu öffnen. Jetzt, wo das Wahrnehmungsvermögen sich erweitert und die Schleier zwischen den Seinsebenen dünner werden, können wir den Menschen hinter dem Menschen erkennen.

Was ich letztlich zu vermitteln versuche, ist das Konzept einer außersinnlichen und übersinnlichen, bioenergetischen und geistigen Heilmethode, die es mit sich bringen wird, auch denen zu helfen, die den Begriff Gesundheit nicht leben können.

MOTIVE ZUM HEILEN

Menschen, die zu einem Heiler gehen, können wir in zwei Gruppen einteilen. Da gibt es zum einen die Heilungssuchenden, die an die höhere Intelligenz des Geistes glauben und überzeugt sind, dass es Heiler gibt, die im Dienste des Geistes wirken. Sie fallen auf, weil sie Vertrauen haben und auch Verantwortung für ihr eigenes Schicksal übernehmen. Nicht selten fragen sie als Erstes: »Was muss ich in meinem Leben ändern, damit ich wieder gesund werde?« Ein grenzenlos effektiver Ansatz. – Zum anderen gibt es aber auch die Leidenden, die am Rande des Zusammenbruchs stehen, von Therapie zu Therapie pilgern und das, wofür sie selbst verantwortlich sind, in andere Hände geben: »Bitte heile mich!«

Es wäre jedoch verfehlt, dies als eine Unterscheidung zwischen »Auserwählten« und »Verlorenen« zu sehen. Der Verlorene ist nicht verloren, und der Auserwählte ist nicht immer der Gesunde. Zunächst ist es nur eine Glaubenssache, die wohl eine mächtige Kraft ist, aber weil wir lernende Geschöpfe sind, können sich Glaubenssätze durch neues Erleben verändern. Der Mensch ist ein denkendes, fühlendes und wollendes Wesen, das aus Körper, Seele und Geist besteht. Überall im Leben wird Frieden und Harmonie durch das ausgewogene Funktionieren der Dreiheit der Systeme erreicht. Aber bis der Mensch die Balance gefunden hat, ist er in Gefahr. Jede Krankheit, jede Not ist Unwissenheit, ein Schrei des Körpers oder der Seele: »Ich komme mit den Bedingungen nicht mehr klar!« Hier ist der Heiler aufgerufen, durch seine Wahrnehmungen Licht in das Dunkel der Unwissenheit zu bringen.

Seit Jahren betrachte ich es als eine Herausforderung, die Hintergründe der Therapieresistenz aufzudecken. Es war eine lange Suche, und ich muss gestehen, ohne informative Durchsagen und Hinweise aus der Geistigen Welt wäre es ein hoffnungsloses Unterfangen geblieben. Die Erkenntnis, dass so grundlegende, unterschiedliche energetische Felder die Struktur und das Verhalten der Materie steuern, wird wahrscheinlich der energetischen Heilkunde neue Einsichten in Bezug auf Gesundheit und Krankheit schenken können. Doch selbst nach den Entdeckungen der vielen Energiefelder, die das Heilen erleichtern, wäre nur wenig geschehen, hätte ich nicht die *Schule der Geistheilung nach Horst Krohne*® ins Leben gerufen. So entstand ein gemeinsames Studienprojekt, eine an der Praxis orientierte Forschung mit dem Ziel, die Steuerung körperlicher Prozesse und die wechselseitige Einflussnahme der Lebensenergie zu verstehen.

Aus der Sichtweise eines hellsichtigen Betrachters zeigen sich im Körper und auch im Umfeld (Aura) eines Menschen mehrere unterschiedliche, voneinander abhängige Felder, die durch ein Netzwerk von Energiebahnen verbunden sind. Der Einstieg in die außersinnliche Wahrnehmung bringt am Anfang einige Verwirrung mit sich, haben wir es doch mit einer enormen Komplexität und Feinheit der Interkommunikation zwischen den Feldern zu tun, die zusammen den Körper, sämtliche Zellen und somit die gesamte Biochemie steuern. Diese Felder verkörpern fließend und schwingend die unterschiedlichen Energien der

Bewusstseinsebenen von Körper, Seele und Geist. Fast einer Sensation kam die Entdeckung gleich, dass in den Biofeldern Informationen gespeichert werden.

Der Körper enthält unsere bewusste Erinnerung, etwa das Gehirn, doch auch andere Organe weisen Erinnerungen auf, die so stark sein können, dass sie bei einer Organverpflanzung vom Empfänger gespürt werden und sogar zu leichten Veränderungen in den Wesenszügen führen. Alle psychosomatischen Erkrankungen können so aufgefasst werden, dass – ausgelöst durch Emotionen, Gedanken und Absichten – gespeicherte Erfahrungen in Widerspruch geraten. Das ist der Nährboden für Unverträglichkeiten und Allergien.

Der Austausch der immateriellen Energien mit dem Körper geschieht hauptsächlich im Wechselspiel der Meridiane und Nerven, zwischen dem Bioelektrischen und dem Biomagnetischen. Aus den übergeordneten Feldern der Chakren und Nebenchakren wandern die Informationen in Richtung des Elektromagnetischen (Nerven, Meridiane). In diesen Feldern entwickeln sich dann Neigungen, Bedürfnisse, Heilungen und Regulierungen einerseits und Blockaden aus unerlösten Konflikten, Traumata und Schockerlebnissen andererseits. Es entstehen Spannungen in der lebensnotwendigen Psychosomatik, die sich im Meridiansystem an den Endpunkten der Zehen und Finger zeigen. Farbveränderungen und Turbulenzen sind die Folge. Diese Veränderungen können von hellsichtigen oder hellfühligen Heilern wahrgenommen werden.

Mit einiger Erfahrung kann in wenigen Minuten erkannt werden, ob ein Organ physisch krank oder psychosomatisch gestört ist. Diese außersinnliche Diagnose kann so weit gesteigert werden, dass sie tiefe seelische Not aufzeigt. Wird erkannt, dass ein Organ physisch krank ist, werden allopathische Mittel von der Naturheilkunde bis zur Schulmedizin Hilfe bringen. Die meisten Organerkrankungen sind psychosomatischer Natur, wobei in der Regel eine Kommunikationsstörung zwischen Bewusstseinsebenen und/oder energetischen Feldern vorliegt. In einem solchen Fall ist ein Behandlungserfolg mit physischen Mitteln fraglich. Weil das Problem energetischer Natur ist, kann ein erfahrener Heiler als Vermittler regulierende Harmonisierung übertragen.

Bei sehr tief sitzenden Komplikationen wird eine Regulierung über die Meridiane jedoch nicht ausreichen, und deshalb entwickelte ich in der *Schule der Geistheilung nach Horst Krohne®* die Organsprache-Therapie.[1] Das Verblüffende an dieser Heilmethode ist, dass es bei den meisten Menschen gelingt, in einer Tiefenentspannung Organe zum Sprechen zu bringen. Ist das Tagesbewusstsein weitgehend ausgeblendet, können sich die Organe über die Stimmbänder artikulieren. Der Patient nimmt einen solchen Dialog zwischen dem Heiler und seinen Organen ähnlich wie einen Traum wahr. Der Heiler erfährt dabei die psychosomatischen Hintergründe, kann aufklärend wirken und die Organe darauf vorbereiten, regulierende Heilenergie anzunehmen. Diese Methode ist auch sehr gut geeignet, Organe zu veranlassen, allopathische Mittel oder andere Therapien besser anzunehmen.

Meridiantherapie und Organsprache sind eine vortreffliche Ergänzung zu allen anderen Heilmethoden, und die Erfolge können sich sehen lassen. Ist der zeitliche Aufwand bei der Meridianbehandlung mit rund zehn Minuten verhältnismäßig gering, muss bei einer Organsprache-Therapie schon mit einer Stunde gerechnet werden. Aber der zeitliche Einsatz lohnt sich, werden doch tief liegende psychisch-seelische, desorientierende Verhaltensweisen therapierbar. Die Organsprache ist im herkömmlichen Sinne keine Psychotherapie, obwohl das Gespräch anfangs einer Psychoanalyse ähnelt; es geht in dem Dialog weitgehend darum, dass die regulierende Heilinformation durch den Heiler vom Patienten angenommen und das Organ oder Organfunktionen in eine stabile gesunde Wirkungsweise gebracht werden.

So wie ich die Entwicklung sehe, werden beide beschriebenen Ansätze, die Meridiantherapie wie die Organsprache, besonders weil sie konvertibel sind, für viele Patienten ein Segen sein. Und sie haben keine Nebenwirkungen, üben keinen Zwang aus, es geht nur darum, die Bereitschaft zu fördern, etwas Gutes, Heiles anzubieten.

Wie ich bereits andeutete, sind unerlöste Konflikte, Schocks oder traumatische Erlebnisse im Chakrensystem abgelegt oder gespeichert. Solche unerlösten Lebensdramen sind in der Lage, bremsend und störend den lebensnotwendigen Informationsfluss zwischen Körper, Seele und Geist zu unterbinden. Das ist der Nährboden für Angst, Panik, Wut oder Sucht und fördert entzündliche wie degenerative Prozesse.

Durch das Wissen, dass die verschiedenen Lebensenergien Speichermöglichkeiten haben und diese Felder sich gegenseitig behindern können, entstehen völlig neue Gedanken und Therapieansätze in der Geistheilung. So zeigt sich bei jedem zweiten Allergiker als Verursacher der übertriebenen Immunreaktionen ein unerlöster Konflikt, gespeichert im Chakrensystem. Diese unverarbeiteten Lebensereignisse wirken aggressiv aus den Energiefeldern der Seele heraus (Chakren sind der Sitz der Seele) und verhindern die Harmonie im Informationsaustausch der energetischen Lebensfunktionen. Mit einer speziellen Methode der geistigen Heilweisen ist es möglich, durch eine einzige Behandlung jeden zweiten Allergiker von seinen Symptomen zu befreien. Nach unseren Aufzeichnungen sind bei hartnäckigen Fällen vielleicht drei Behandlungen dieser Art notwendig. Das Besondere an dieser Methode: Es wird nicht wie im herkömmlichen Sinne Heilenergie übertragen, sondern die abgelegten verdrängten Konflikte werden gelöscht.[2]

Noch bei vielen anderen Krankheiten, Bewegungseinschränkungen oder Schmerzen sind als Verursacher oder Mitverursacher oft unerlöste Konflikte vorhanden. Auch in diesen Fällen lässt sich durch Abtragen der Turbulenzen eine Verbesserung der Symptome erreichen. In der Vergangenheit herrschte die Meinung vor, Geistheilung ist eine gebende Heilmethode, nach dem Motto: Ich *gebe* dir Gesundheit, Energie, Heilung. Nach der neuen Sicht der Geistheilung führt bei der Hälfte aller Behandlungen ein Abtragen, ein *Nehmen* zum Erfolg. Das ist auch verständlich, können wir doch den größten Teil aller Erkrankungen in Überfunktion oder Unterfunktion einteilen. Gesundheit ist ein ausgeglichener, nivellierter Zustand, und so ist ein Abtragen oder Auffüllen von Energie sichtlich der richtige Weg. Nicht vergessen dürfen wir dabei schließlich, dass nicht die Energie heilt, sondern die Information, die der Heiler vermittelt – bei Unterfunktion auffüllende Energie mit der entsprechenden Heil- oder Regulierungsinformation und bei Überfunktion ein Abtragen der Energie mit entsprechender Information in Richtung Normalisierung.

Ein erfahrener Geistheiler lässt die Energie und die Information in beide Richtungen wirken, und dieses Verhältnis im Geben wie im Nehmen ist Kunst, nicht Tun. Nicht der Wille oder Handfertigkeiten werden eingesetzt, was jetzt zählt, ist das Einfühlen, gepaart mit liebevoller Zuwendung bei gleichzeitigem Einverstandensein, dass etwas ins Fließen kommt, was nicht aus dem eigenen Energiefeld stammt. Diese im doppelten Sinne dienende Hingabe, einmal dem Patienten und zum anderen dem lebendigen Geist gegenüber, kann nur erworben werden durch Demut. Jedoch ist gleichzeitig erforderlich, das eigene Bewusstsein, das Wissen um die Felder des Lebens zu erweitern. Blindes Vertrauen auf die Hilfe der Instanz, die wir Gott nennen, kann durchaus heilen, aber mit einem erweiterten Bewusstsein und Gottes Hilfe wird die Wirkung der Heilung erheblich verstärkt.

Die Tätigkeit des Heilers gleicht einem Vortasten ins Unbekannte, und dabei können wir gewiss sein, dass wir alle liebevolle, unsichtbare Führer haben. Sie helfen uns, Schwierigkeiten zu überwinden und Prüfungen zu bestehen. Allerdings erfordert das den bewussten Aufbau von Wissen und Seelenqualität. Das wiederum setzt eine willentliche, schöpferische Tat voraus, aus der Erkenntnis heraus, dass jede Bewusstseinserweiterung auch die höheren Ebenen zum Klingen bringt. Dann erkennen wir vielleicht, dass die spirituellen Welten gewissermaßen aus lebendigen Qualitäten bestehen, die Ausdruck unseres Seins sind.

Nie zuvor hat der Mensch in einem so stark expandierenden Zeitalter gelebt, und das bezieht sich auf die Naturwissenschaften und das spirituelle Heilen gleichermaßen. Das klingt hochtrabend und idealistisch, aber in einer Welt mit ungeheuren persönlichen und gesellschaftlichen Problemen mag es sich lohnen, optimistisch Alternativen anzubieten. Ein Schritt ist nicht genug für mich. Geistheilung umfasst in ihren vielfältigen Therapieansätzen nicht nur das Spirituelle, Soziale und Psychologische, sondern auch solche Ansätze der materiellen Welt wie Nahrung und Umweltbelastung.

Einen hohen Stellenwert bei der Heilung nehmen auch Gedankenhygiene und die Auflösung von falschen Glaubenssätzen ein. Das breit gefächerte Anwendungsprogramm der Geistheilung kennt sogar für Selbstzerstörungsprogramme, die aus dem Mentalen und Psychischen kommen, heilsame Lösungen.

Oft erfolgt der Zusammenbruch der Selbstregulierung durch ein Fehlverhalten bewusster und unbewusster Schichten. Das kann Entwicklungen einleiten, die jede Form und Möglichkeit der Selbsterhaltung zum Erliegen bringen. Der Mensch ist dann nicht mehr therapierbar.

Unheilbar krank – austherapiert

Wenn wir über kranke Menschen sprechen, Menschen, die einen Leidensweg gehen und gegangen sind und den Stempel »unheilbar« aufgedrückt bekommen haben, sollten wir uns als Erstes fragen, wer diese Behauptung aufgestellt hat und aufgrund welcher Kriterien er zu diesem Urteil gekommen ist. Viel zu oft erleben wir, dass Menschen wieder gesund werden, *obwohl* die Behauptung, unheilbar zu sein, auf ihnen lastete.

Wenn es Heilungen bei Unheilbaren gibt, ist jede Aussage, die sich Worte wie »unheilbar«, »austherapiert« oder »damit müssen Sie leben« bedient, eine unzulässige Suggestion. Es ist kein Zufall, dass in »unheilbar« die Silbe *heil* und in »austherapiert« das Wort *Therapie* steckt. Auch wenn nicht jeder Fall, der als »unheilbar«, »sterbenskrank« oder »todgeweiht« bezeichnet wird, in Heilung übergeht, sollten wir als Geistheiler doch niemals die Hoffnung aufgeben.

In meiner Tätigkeit als Heiler erwirkte ich so manches Wunder bei Menschen, die als »nicht heilbar« bezeichnet wurden, und nachdem ich über Jahre hinweg bei vielen meiner Patienten über die Art der Behandlung und die Hintergründe Aufzeichnungen geführt hatte, begann ich nach Erklärungen zu suchen, warum schwierige Fälle den Stempel »unheilbar« erhielten und warum bei einem Teil der Kranken Heilung erfolgte. Bei all meinen Überlegungen und Bemühungen bin ich immer davon ausgegangen, dass Leben Energie und Bewusstsein ist und dass Materie und unser Körper ein Ausdruck des geistig-energetischen Bewusstseins darstellt. Angeborene Krankheiten, Operations- oder Unfallfolgen wurden von mir nicht berücksichtigt. Meine Suche richtete sich auf die Menschen, bei denen alle bisherigen therapeutischen Bemühungen keinen Erfolg brachten und kein Verursacher erkennbar war.

Gesprächsaussagen, besonders Antworten auf meine Fragen, ergaben schließlich, dass bei therapieresistenten Patienten ganz bestimmte menschliche Eigenschaften fehlten oder nur sehr schwach vorhanden waren. Es ging dabei im Wesentlichen um drei Qualitäten: *Freiheit*, *Verantwortung* und *Vertrauen*. Auch die Schwere der Erkrankung und die Hoffnungslosigkeit als Folge der Wirkungslosigkeit von Behandlungen drückte sich in den Abstufungen dieser Eigenschaften aus: wenig Vertrauen, ein bisschen Vertrauen bis kein Vertrauen.

Wenn Vertrauen fehlt

Es ist erschütternd zu sehen, was alles geschieht, wenn innerhalb von Familien das Vertrauensverhältnis zerrüttet ist. Dies gilt auch für Singles, die aus freiem Willen zusammenleben, und weitgehend auch für berufliche Zusammenarbeit. Fehlt es dann noch am Vertrauen zu sich selbst oder am Vertrauen zur Schöpfung und an Gott, wird die lebendige Stabilität, die Krankheit fernhält, schwinden.

Ermessen Sie einmal selbst, wie Sie sich fühlen, wenn Sie zu den Eltern oder zum Partner, zum Beruf oder zu Ihrem Arzt kein Vertrauen mehr aufbringen. Haben Sie Vertrauen in Ihre Heilungskräfte? Ich glaube nicht. Schauen Sie sich in Ihrer Wohnung nur Ihren Arzneimittelvorrat an. Über Bachblüten, Globuli bis hin zu schulmedizinischen Produkten, alles wird dort zu finden sein, und jedes dieser Mittel ist *Vertrauenslosigkeit zum eigenen heilenden Bewusstsein*. Vertrauenslosigkeit oder Vertrauensmissbrauch ist eine selbstzerstörende Kraft! Vertrauen ist eine lebensbejahende Kraft, aber ihr steht ein ganzes Bündel zerstörender Kräfte gegenüber: Misstrauen, Vertrauenslosigkeit und »sich nicht trauen« bis hin zur Trauer oder den Gefühlseindrücken, wenn vertraute Personen oder vertraute Umgebungen nicht mehr vorhanden sind. All das sind Verluste, die ohne Weiteres auch Persönlichkeitsverluste zur Folge haben können. Verluste an Vitalität! Wir können davon ausgehen, dass Krankheit durch Mangel an Vertrauen entsteht.

Daraus ergibt sich nun die Frage: Was können wir als Geistheiler tun, wenn sich herausstellt, dass der Kranke kein Vertrauen mehr hat? Zunächst einmal müssen wir uns gewiss sein, dass der Leidende wirklich einen Mangel an Vertrauen hat, denn es gibt ja noch viele andere Krankheitsverursacher. Gibt es neben dem Gespräch, das Vertrauensmangel aufzeigen kann, noch andere Diagnosemöglichkeiten?

Gibt es für uns Heiler, die wir mit außersinnlicher Wahrnehmung oder durch sensible Einfühlung arbeiten, vielleicht Möglichkeiten, Vertrauensmangel in den Energiemustern aufzudecken?

Mangel an Vertrauen führt sicherlich in die Angst, aber auch in die Machtlosigkeit. Wenn ein Mensch kein Vertrauen in die eigene Leistung mehr aufbringt, seinen Heilungskräften und den verschiedenen Heilmethoden kein Vertrauen mehr schenkt, dann ist das ein Machtverlust. Er handelt dann nach dem Motto »Ich kann machen, was ich will, es bringt ja doch nichts, mir kann keiner helfen«. Aber Machtverlust ist eine Schwäche im Wurzelchakra, und daraus können wir einiges über die Chakrenkommunikation ableiten.

Gehen wir von einem schwachen Wurzelchakra aus und erkennen wir, dass die Kommunikation zu einem anderen Chakra gestört ist, muss das Krankheitsbild zur Kommunikationsstörung passen. Wenn wir auf Mangel an Vertrauen schließen wollen, ist es wichtig, die geschwächten Energiemuster zu kennen, die Hinweise auf ein gebrochenes Vertrauen aufzeigen.

Hier einige Beispiele

Bei jeder *Wucherung* bis hin zum *Krebs* zeigen sich bei Vertrauensmangel ein schwaches 1. Chakra (Wurzelchakra) und eine Kommunikationsblockade zum 4. Chakra (Herzchakra). Sollte besonders die Zellregeneration ausgefallen sein, ist eine Kommunikationsschwäche vom 7. Chakra (Scheitel) zum 4. Chakra wahrscheinlich.

Liegen *rheumatische Krankheiten* vor, bildet ein schwaches 1. Chakra keine Verbindung zum 2. Chakra (Sakralbereich), wenn zu wenig oder kein Vertrauen vorhanden ist. Je weniger Vertrauen, umso weniger Macht, je weniger Macht, umso wahrscheinlicher entsteht Angst.

Angst wird im 2. und 5. Chakra (Hals) sichtbar und in der Verbindung dieser beiden Zentren untereinander. Haben wir ein schwaches 1. Chakra und Kommunikationsschwäche zu einem anderen Zentrum und passt dies zum Krankheitsbild, so zeigt sich über das 2. und 5. Chakra die Stärke der Erkrankung beziehungsweise die Schwäche zur Heilung, und aus Mangel an Vertrauen wird Angst und Machtlosigkeit. Ein starkes destruktives Feld! Heilung ist jetzt kaum möglich.

FASSEN WIR NOCH EINMAL DIE MESSHINWEISE IN DEN CHAKREN ZUSAMMEN

- Vertrauen schwindet, wenn zwischen dem 1. oder 7. Chakra und einem anderen keine Verbindung vorhanden ist und dies in das Krankheitsbild passt. Doch erst wenn gleichzeitig zwischen dem 2. und 5. Chakra Kommunikationsmangel herrscht, entsteht Angst.

- Diese beiden Disharmonien addieren sich zur Heilungsschwäche, zur Kraftlosigkeit, Heilung anzunehmen.

- Wir als Geistheiler haben nun die Möglichkeit, die geistigen Zentren, die Chakren, zu stabilisieren und somit die Grundlage einer Heilung zu setzen. Voraussetzung ist, dass der Heiler ein »erkennendes Bewusstsein« hat, also die Chakren beurteilen kann und eine erprobte Verbindung zur Geistigen Welt besitzt, aus der heilende Kräfte fließen.

- Die energetisch-intuitive Betrachtungsweise – Erkennendes Bewusstsein – kann durch meditative Übungen erworben und verbessert werden, und wenn sie zielgerichtet zum Zweck der außersinnlichen Diagnostik geübt wird, werden brauchbare Bilder für die Heilung entstehen. Die Fähigkeit, auf außersinnlichem Wege Diagnosen zu erstellen, wird oft als Gabe von wenigen Auserwählten angesehen, kann aber in Wahrheit durch Übung, am besten unter Anleitung, erlangt werden. Sie erfordert nur die Kenntnis der feinstofflichen Anatomie, die hauptsächlich aus den Energien des Nervengeflechts, der Meridiane und des Chakrensystems besteht. Wichtig ist, dass ein Heiler die Zusammenhänge kennt und versteht, dass diese drei Hauptfelder miteinander vernetzt sind und alle nur erdenklichen Prozesse des Lebens steuern.

- Das Gleiche gilt für die Psychometrie, das Einfühlen in die Empfindungen eines anderen Menschen. Auch diese Fähigkeit kann durch meditative Übungen erworben und gefördert werden.

Ein Beispiel für Vertrauensmangel

Ein Frührentner sagte von sich: »Ich war der gesündeste Mensch, noch nie war ich ernsthaft krank. Doch jetzt komme ich zu Ihnen, weil die Schulmedizin nicht hilft.« Von Beruf Techniker und wegen seiner guten Gesundheit hatte er sich so gut wie gar nicht mit der Heilkunde auseinandergesetzt. Er saß nun vor mir mit einem Tinnitus und Innenohrentzündung. Antibiotika, Wärme und andere Medizin brachten seit Wochen nichts, im Gegenteil, die Schwerhörigkeit nahm zu.

Meine erste Überlegung war, dass hier aufgrund der Therapieresistenz der Verursacher im Seelischen liegen musste. Wenn ärztliche Kunst nicht hilft, liegt es selten am Arzt, sondern am Patienten, der einen Verursacher außerhalb der medizinischen Therapierbarkeit aufweist. Also schaute ich mir sein Chakrensystem an und machte einige Messungen mit dem *VivoMeter*. Das 7. Chakra (Scheitel) war im Informationsfluss zum 4. Chakra (Herz) blockiert. Das ist ein deutlicher Hinweis auf schwache Heilung bis Therapieresistenz. Das Problem ging vom Scheitelchakra aus, und der wahrscheinliche Grund dafür war: kein Vertrauen zum Leben. Die weitere Suche ergab im Lebenskalender ein Kindheitstrauma und ein Drama vor drei Jahren. Trotz guter Eigendynamik des 2. und 5. Chakras bestand keine Verbindung zwischen beiden.

Im Gespräch ergab sich: Als er zwei Jahre alt war, erkrankte seine Mutter schwer, und er hatte einige Zeit bei einer Tante gelebt. Vor drei Jahren war er mit 57 Jahren wegen wirtschaftlicher Probleme der Firma in Frührente geschickt worden. Beide Einlagerungen im Lebenskalender zeigten Angstschwingungen – im Kindesalter die Angst um den mütterlichen Schutz und später die existenzelle Angst, mit geringem Einkommen auskommen zu müssen, denn: »In meinem Alter bekomme ich doch keine Arbeit mehr!« Beide Schocks, doch an erster Stelle der im Kindesalter, konnten nicht aufgearbeitet werden. Er hatte keine Krankheiten, keine Beziehungsprobleme, alles lief glatt im Leben. Aber nun brach die Welt für ihn zusammen. »Ich habe Tinnitus, werde schwerhörig.« Diese Erkrankung machte ihm Angst. Es waren die Kommunikationsblockaden zwischen dem 2. und 5. Chakra, die diese Emotionen bei ihm auslösten. Kurz gesagt: Er sah keine Möglichkeiten der Behandlung, sah kein Vorwärtskommen.

Als Erstes wurden die eingegrabenen Dramen im Lebenskalender gelöscht und ein Versuch unternommen, die Blockaden zwischen dem Herz- und Scheitelchakra zu beheben. Aber drei Behandlungen mit Gesprächen und Appellen, er möge doch Vertrauen zu seinen Heilkräften haben, erbrachten wenig. Sein Vertrauen in die Heilung war so gering, dass er noch einen weiteren Arzt konsultierte, der ihm dann auch nichts anderes empfahl als der erste Arzt. Diese zweite Aussage führte zu einer starken Schwäche im Wurzelchakra mit einer Kommunikationsblockade zum Herzchakra. Das bedeutete, der unbewusste Gesundungswille war gebrochen. Wieder folgten Gespräche, eine Heilverbindung zwischen den Chakren wurde ausgeführt, und nun zeigte sich etwas »Neues«: Vom Herzchakra zu den Ohren, über den Kreislaufmeridian, bestand keine Verbindung.

Diese energetische Struktur belegte, dass die Krankheit verlagert wurde, von den Chakren zu den Meridianen. Wenn es gelang, über die Meridiane einen Ausgleich mit heilenden Händen zu erreichen, musste die Krankheit ins Körperliche fallen, und die Medikamente würden wirken. Weil der Kreislaufmeridian mit betroffen war, hatten wir es mit mangelnder Freude zu tun. Also erklärte ich dem Patienten, dass er sich freuen durfte, die Krankheit war jetzt rein körperlich, der seelische Hintergrund und auch die psychosomatische Erkrankung waren behoben. Dann ließ ich eine Meridianbehandlung folgen. Und diese letzte Behandlung brachte den Durchbruch. Durch die sofort einsetzende Durchblutung verschwand der Tinnitus, und innerhalb einer Woche kam das Gehör zurück. Es waren insgesamt fünf Heilanwendungen mit aufklärenden Worten über das Wirken der Geistheilung nötig, bis die heilende Wirkung einsetzte. Hier zeigte sich deutlich, wie ein Patient über die geistige Heilanwendung in die Therapierbarkeit zurückkehrte, und er hatte auch keine Rückschläge zu erwarten, weil der Verursacher, die Traumata, bereinigt wurden.

Dieser Fall ist deshalb so interessant, weil durch das Abtragen des tief unbewussten Verursachers der Patient auf der körperlichen Ebene ausgeheilt wurde. Nach der fünften Behandlung wirkten die Medikamente, das Körperbewusstsein nahm die unterstützende Wirkung an. In den meisten Fällen geistiger Heilanwendungen wird die Krankheit zum Geist transzendiert und dort aufgelöst. Vom energetischen Krankheitsbild befreit, kann die Selbstregulation im Körper einsetzen. Aber wie wir sehen, geht es auch in die andere Richtung – vom Seelischen ins Körperliche. Das ist immer dann der Fall, wenn der Patient aufgrund seiner Unerfahrenheit, Körpererkrankungen auszuheilen (»Ich war noch nie krank«), Hilfe bekommen muss. Das bewusste Erleben durch Gespräche und Erklärungen bringt dann zusätzlich eine Beschäftigung mit sich selbst und eine weitreichende Betrachtungsweise und Erfahrung im Heilverlauf. Der Patient wird therapierbar.

Wir sollten nicht vergessen, dass auch der Heiler volles Vertrauen zu den heilenden Kräften des Geistes haben muss. Geistheilung ist eine Vermittlung, die in unterschiedlichen Dimensionen der Seele eingreift, mit Energien und Informationen umgeht, die nicht aus unserem physischen Körper hervorgebracht werden können. Im Dialog mit der Geistigen Welt ist das tiefe Vertrauen des Heilers notwendig, Verantwortung zu übernehmen für etwas, was nicht erzeugt werden kann. Vertrauensmangel ist *ein* Faktor für Leid.

Wenn Verantwortung fehlt

Wenn wir davon ausgehen, dass jede Heilung eine Selbstregulation, eine Selbstheilung ist, so muss unser Gesamtbewusstsein in einem Heilungsprozess eine Selbstverantwortung ausüben. Fehlt die Selbstverantwortung, kann das regulierende Bewusstsein hilfreiche und gut gemeinte Empfehlungen nicht annehmen oder verwerten.

Mangel an Verantwortung ist in allen Ausdrucksformen menschlichen Verhaltens zu finden – angefangen beim Essen und Trinken, in der Lebenshaltung, in der Lebensführung, bis hin zum Kollektiven, wenn es darum geht, Verantwortung für andere zu übernehmen. Wer möchte es schon mit einem verantwortungslosen Menschen zu tun haben? Aber schauen wir uns einmal selbst an. Übernehmen wir immer die *Verantwortung,* oder sind wir vielleicht feige, oder sind wir lieber Opfer? Haben wir ein schwaches oder ein starkes Selbstbild? Eines ist sicher, ein schwaches Selbstbild führt zu ständigen Sorgen und lässt die Verarbeitung der Emotionen nicht zu – angestaute Gefühle entwickeln sich. Die Probleme gehen tiefer, Verbitterung kann entstehen, der Mensch wird zum Opfer, ist zum Scheitern verurteilt und bleibt in seinem Schmerz sitzen. Ich könnte noch weitere Dramen aufzählen, die entstehen, wenn unser Bewusstsein keine Verantwortung übernimmt.

Betrachten wir doch besser unsere Möglichkeiten, Menschen zu helfen, die sich in dieser schwachen Lebensführung befinden.

Wie können wir erkennen, ob eine Krankheit etwas mit Verantwortungsmangel zu tun hat?

Viele meiner Patienten, die ihre Krankheit daraus entwickelten, dass sie keine oder zu wenig Verantwortung übernahmen, hatten Enttäuschungen hinter sich, trugen ungelöste Probleme mit sich herum und fürchteten sich zu scheitern. Ein bewährtes Diagnosemittel ist in diesem Fall der von mir entdeckte *Lebenskalender*.[3] Haben dramatische Lebensabschnitte den Menschen im wahrsten Sinne des Wortes kleingemacht und ihm sein Selbstbewusstsein geraubt, werden wir im Lebenskalender entsprechende Hinweise finden.

Aber wir sollten uns nicht auf eine Löschung der Ereignisse im Lebenskalender verlassen. Unerlöste Konflikte und dergleichen werden hier zwar angezeigt, aber sie entstehen im Gesamtbild, im Wesen der Seele mit all ihren Fähigkeiten und Unfähigkeiten.

Im Lebenskalender eingegrabene Leidensphasen sollten vor der Behandlung in Bezug auf die Chakren und Meridiane beurteilt werden. Denn hier in den anderen Energiefeldern finden wir die Unfähigkeiten der Seele, die zu Konflikten geführt haben und im Lebenskalender abgelegt wurden. Hier warten sie auf eine Bewusstseinserweiterung, und wenn diese Anhebung stattgefunden hat, besteht die Erlösung in Selbsterfahrung und wachsender Selbstbewusstheit. Die so gewonnenen Erkenntnisse des Patienten können durchaus in die Verantwortung führen. Wenn Verantwortung für einen unerlösten Konflikt übernommen wird, löst dieser sich auf, oder es wird stattdessen ein ähnliches Ereignis durch Übernahme von Verantwortung gelöst, und die Seele ist wieder ein Stück der Weisheit näher.

Wenn wir als Heiler nur den Lebenskalender harmonisieren, ohne dem Kranken eine Möglichkeit zur Selbstfindung anzubieten, verhindern wir Seelenwachstum. In einem solchen Fall verhalten wir uns so, als verabreichten wir eine Schmerztablette oder ein fiebersenkendes Mittel. Ich glaube, wir sind uns einig, dass man mangelnde Selbstverantwortung nicht einfach wegheilen kann.

Bei einigen Patienten scheint es möglich zu sein, weil die Seele von sich aus den Weg in die Verantwortung gefunden hat und nur noch ein Echo der Problematik vorhanden war. Der austherapierte Patient benötigt jedoch mehr als einen Lebenskalender-Ausgleich. Selbst bei einem Kindheits- oder Geburtstrauma, bei dem die Ereignisse tief in der unbewussten Vergangenheit liegen, ist es ratsam und wichtig, Chakren und Meridiane, die einen Bezug zum Lebenskalender haben, in die Behandlung mit einzubeziehen.

Sollte sich herausstellen, dass der turbulente Teil des Lebenskalenders beispielsweise mit dem Lebermeridian einen Konflikt anzeigt, und der Patient ist leberkrank, empfiehlt es sich, den Lebermeridian und das 3. Chakra mit zu behandeln. Kommunikationsstörungen zwischen dem Lebenskalender und den Meridianen eignen sich hervorragend für eine Organsprache-Therapie.

Sollte im Bewusstsein des Leberkranken Verantwortung fehlen, würde dies die Leber in der Organsprache klar ausdrücken und gleichzeitig den Hintergrund dieser Schwäche vermitteln. Organsprache, Meridian- und Chakrenbehandlung sind bei schwerer Erkrankung eine wirksame

Hilfe. In der Organsprache-Therapie, besonders bei Krankheiten mit degenerativem Bild, zeigt uns das Organ, warum es keine Verantwortung übernimmt.

Gehen wir nochmals einen Mangel an Verantwortung an. Patienten mit dieser Schwäche sind schwerer energetisch zu diagnostizieren, weil meistens drei Chakren ein Problemfeld zeigen. Verantwortung zu übernehmen bedeutet: Ich tue. Ich verhalte mich so oder so, weil ich überzeugt bin, dass mein Tun und Handeln richtig oder die einzige Möglichkeit ist.

Tun und Handeln sind Ausdrucksformen von Wurzelchakra (= Tun) und Halschakra (= Handeln). Kommunikationsstörungen zwischen diesem 1. und 5. Chakra sind der eigentliche Hintergrund für Verantwortungslosigkeit. Aber erst wenn ein drittes Chakra blockierend oder zusätzlich störend die Disharmonie des 1. und 5. Zentrums verstärkt, kommt es zur Erkrankung durch Mangel an Verantwortung.

Schauen wir uns einen Fall aus der Praxis an

Eine Patientin von 42 Jahren klagte seit Jahren über Schultergelenkschmerzen. Diese waren zeitweise so stark, dass das Anziehen von Kleidern kaum möglich war. Sie konnte beide Arme weder seitwärts noch nach vorne über die Schulterhöhe hinaus anheben. Bisher zeigten alle medizinischen Diagnosen kein klares Bild. Moorbäder, Bestrahlungen, Akupunktur, nichts half. Schmerztabletten waren das Einzige, was vorübergehend Linderung verschaffte.

Meine energetische Diagnose erbrachte: eine Kette von kleineren Turbulenzen über mehrere Jahre hinweg im Lebenskalender, ein gestörtes Halschakra, ein gestörter Gelenkdegenerations-Meridian und keine Verbindung der beiden mit dem Wurzelchakra. Dieses 1. Chakra war gesund rund, ein wenig klein, aber noch im Normalbereich. Meine ersten Überlegungen waren: Das Halschakra ist unter anderem für den Kalziumhaushalt zuständig, und mit dem gestörten Gelenkdegenerations-Meridian bot sich die Diagnose degenerativer Kalziumhaushalt an. Degenerationen sind in den Energiefeldern als Schwäche wahrnehmbar, wobei nicht angezeigt wird, um welche Substanz oder Funktion es sich handelt. Die Summe aller schwächelnden Felder und die Art, wie der Patient seine Belastung wahrnahm, ließ gewisse Rückschlüsse auf die Entstehung der Belastung zu.

Ich führte weitere Messungen durch: Das Halschakra umfasst sechs Nebenchakren – Hand, Ellenbogen und Schulter links wie rechts –, und hier zeigte sich: Hand-Chakren in Ordnung, Ellenbogen-Chakra links in Ordnung, rechts schwach, Schulter-Chakren beide Seiten kaum wahrzunehmen. Ich fragte nach: »Wie geht es Ihrem rechten Ellenbogen?« »Er schmerzt ab und zu, aber das ist nichts im Vergleich zu den Schulterschmerzen«, lautete die Antwort. Das Bild war klar: Das Wurzelchakra steht für die Muskeln, das 5. Chakra unter anderem für den Kalziumhaushalt, und beide zusammen stehen für Knochen, Gelenke, Sehnen und Bänder. Normalerweise hätte ich nun die schwachen Felder heilend aufgebaut, wie ich es schon mehrmals erfolgreich gemacht hatte, wäre hier nicht der austherapierte Patient gewesen.

Schulmediziner und andere Therapeuten hatten keinen Anhaltspunkt gefunden, der einen Hinweis auf die Art der Erkrankung böte, überlegte ich, und sie waren zweifellos auch sehr tüchtig, also muss das Problem in den Tiefen der Seele liegen. Wenn die Seele nicht lernen kann, überlässt sie es dem Körper. Wer nicht lernen will, muss fühlen.

Bevor ich mit der Behandlung begann, suchte ich nach dem Hintergrund der *Kommunikationsstörung* zwischen dem 1. und 5. Chakra. Messungen mit dem *VivoMeter* und mithilfe meiner Chakrensichtigkeit ergaben: Obwohl das Herzchakra an sich einwandfrei funktionierte, ging es – besonders in Bezug auf die Frequenzen der *Zellregeneration* – keine Verbindung zum 1. und 5. Chakra ein. Das intakte Heilzentrum zeigte mir: Nicht der Körper ist krank, es liegt eine psychosomatische Fehlfunktion einer belasteten Seele vor.

Das ergab nun ein klares Bild: Die *Zellregeneration* im Herzchakra wirkte nicht am Aufbau und Erhalt von Muskeln, Sehnen, Bändern und Knochen im Oberkörper mit. Aber warum leistete die Seele nicht ihre körpererhaltende Arbeit? Es war mir bekannt, dass die *Zellregeneration* der Seele unterliegt. Ich führte also mit der Patientin ein Gespräch und ging dabei in eine außersinnliche Betrachtung. Ich nenne diese Ebene »erkennendes Bewusstsein«; dabei sehe ich im Gespräch über bestimmte Themen die Veränderungen in den Energiemustern der Chakren und deren Verbindungen, den *Nadis*.

Als Ergebnis kam heraus: Die Patientin hatte Eltern, die ihr eingetrichtert hatten, bloß nicht aufzufallen, wenn sie mehr konnte als andere, denn »dann musst du für andere Menschen mitarbeiten, dann wirst du nur ausgenutzt«. Ihre

Erziehung war eine reine Unterdrückung ihrer Fähigkeiten gewesen. Es hatte schon im Kindesalter begonnen, sich bei ihr als Heranwachsender fortgesetzt und war in der Ehe weitergegangen. Auch hier war sie unterdrückt worden, und wenn sie einmal Leistungen erbrachte, wurden diese belächelt und als Dummheit hingestellt. Mehr als dreißig Jahre lang war ihr Verantwortungslosigkeit als Lebenssinn gepredigt und die Freiheit der Selbstverwirklichung genommen worden.

Vielleicht war es ihr Rest an Leistungswillen oder das Ergebnis ihrer Umwelteinflüsse gewesen, dass sie sich von ihrem Mann und der Familie getrennt hatte, bevor sie sich an mich um Hilfe wandte. Sie wollte keine Verantwortung mehr für sie übernehmen. Sie war »frei«, als sie zu mir kam. Sie hatte die Trennung verantwortet, und so konnte ich mit ihr in die Behandlung gehen.

Als Erstes ließ ich vom Geistführer die Ungereimtheiten in ihrem Lebenskalender glätten, dann folgte eine Harmonisierung der Chakren und ihrer Verbindungen. Nach zwei Heilsitzungen waren alle Beschwerden verschwunden. Ein Jahr später, als ich sie wieder traf, riss sie beide Arme hoch und rief: »Die Beschwerden sind immer noch weg!«

In diesem Heilbeispiel sagte ich, dass sie »frei« gewesen war, als sie zu mir kam, weil sie sich von der Unterdrückung ihrer Verantwortung befreit hatte. Damit sind wir beim dritten Begriff, der mit dazu beiträgt, chronisch krank zu werden.

Mangel an Freiheit

Es gibt viele Kräfte, die unfrei machen. Verbote, Erniedrigungen, dominierende Angehörige, Eltern, Geschwister, Partner, aber auch einschränkende Glaubenssätze, weltfremde Meinungen und realitätsfremde Anschauungen.

Das alles sind unterdrückende, freiheitsraubende Kräfte, die im Bewusstsein und im Körperlichen wirken. Unfreiheit bedeutet Machtlosigkeit, und wenn diese in das körperliche Geschehen fällt, haben die Heilungskräfte kaum mehr eine Chance. Menschen mit einem Mangel an Freiheit zeigen eine besondere Anfälligkeit für bestimmte Erkrankungen.

Im Vordergrund stehen das Blut und die Lymphe, denn beide sind Repräsentanten der Freiheit. Einen Mangel an Freiheit erkennen wir vor allem an Durchblutungsstörungen und Lymphstau. Aber auch Verhärtungen, Ablagerungen und Steinbildungen haben etwas mit Freiheitsmangel zu tun. Des Weiteren könnte man alle inneren Sekretionen dazunehmen, bis hin zu Hormonausschüttungen.

An einem Beispiel möchte ich die Auswirkungen von eingeschränkter Freiheit aufzeigen. Eine 60-jährige Frau kam zu mir mit starken Nierenschmerzen. Sie waren einige Monate zuvor aufgetreten, und seitdem war sie in ärztlicher Behandlung gewesen. Zweimal war sie schon mit Verdacht auf Nierensteine in ein Krankenhaus eingeliefert worden. Alle Untersuchungen hatten nichts erbracht. Sie sagte, die Ärzte stünden vor einem Rätsel und hätten ihr Schmerztabletten gegeben, damit sie einigermaßen schmerzfrei leben könne, für eine OP oder Therapie hatten sie keinen Befund.

Meine Energiediagnosen ergaben im Lebenskalender eine Störung in der Gegenwart. Für mich war das ganz natürlich. Schmerzhafte Krankheit ohne Befund ist ein Schock, besonders wenn die Ärzte sagen, es ließe sich nichts machen – also Schmerzen ohne Ende. Das 2. und 5. Chakra waren nicht miteinander verbunden, aber einzeln gemessen bewegten sie sich im Normalbereich. Alle anderen Chakren waren in Ordnung. Der Nierenmeridian zeigte eine Schmerzschwingung und hatte keine Verbindung zum Nervenmeridian.

Jetzt hatte ich einen Befund. Die Nierenmeridiane waren buchstäblich »genervt«, und ein gesundes Voranschreiten im Leben (2. Chakra) sowie normales Handeln (5. Chakra) waren unterbrochen. Weil der Nieren- und Nervenmeridian zueinander keinen Energiefluss zeigten, untersuchte ich noch die Wirbelsäule mit den Nervenaustrittspunkten. Hier fand ich eine blockierende Schwäche am 3. und 4. Halswirbel und eine leichte Schwäche am 10. und 11. Brustwirbel. Zwischen beiden Sektoren gab es keine Verbindung. Am 10. und 11. Brustwirbel befinden sich die Nervenaustritte vom Rückenmark zu den Nieren. Am 3. und 4. Halswirbel finden wir Nervenbahnen für Stimmbänder und verschiedene Gesichtsmuskeln. Wenn diese blockiert werden, kann es Verkrampfungen in den Bauchorganen geben. In dem kleinen Buch von Louise Hay, *Heile deinen Körper* [4], das wir oft für unsere Behandlungen zurate ziehen, finden wir zum 3. und 4. Halswirbel unter anderem die Stichworte »Verbitterung, unterdrückte Wut, Schuldgefühle, schluckt mehr, als man verdauen kann, angestaute Gefühle, ungeweinte Tränen«. Weil die Nieren auch für Partnerschaft stehen, suchte ich ein Gespräch, bevor ich behandeln wollte. Ich fragte nach ihrer Einstellung zur Partnerschaft sowie nach Erlebnissen kurz vor Beginn der Nierenschmerzen.

Sie war verheiratet mit einem Richter, der seit einem Jahr pensioniert war. Ihr Mann war in der Ehe sehr dominant, und seine Hobbys waren Bergsteigen und Wandern. Seit seiner Pensionierung erwartete er, dass sie jeden Tag stundenlange Wanderungen mit ihm machte. Körperlich konnte sie nie mit ihrem Mann mithalten und suchte deshalb in der Malerei ihren Ausgleich.

Schon vor der Pensionierung hatte ihr Mann in allen Lebenslagen bestimmt. Nun, im Rentenalter, verlangte er, dass sie mit der Malerei aufhören und täglich mit ihm wandern gehen sollte. Weil sie körperlich diesen Anstrengungen nicht gewachsen war, hatte sie sich geweigert. Darauf hatte er wütend reagiert und circa fünfzig Bilder, die sie gemalt hatte, zerrissen. Einen Tag später hatten die Nierenschmerzen begonnen.

Wir haben hier eine Frau, die durch die Dominanz ihres Partners wenig Selbstbestimmung lebte. Durch das Zerreißen ihrer Bilder war der Rest an Freiheit, die sie im Malen ausgelebt hatte, zerstört worden. Hobbys sind Repräsentanten von Freiheit. Bei der ersten Behandlung konnte ich eine Verbindung zwischen dem 3. und 4. Halswirbel und dem 10. und 11. Brustwirbel aufbauen, mit dem Erfolg, dass die Nierenschmerzen deutlich schwächer waren.

Im Abschlussgespräch sagte ich ihr, sie möge zu einer weiteren Behandlung ihren Mann mitbringen. Bei diesem Treffen erklärte ich beiden, dass die Nierenschmerzen aus psychosomatischer Sicht durch sein Dominanzverhalten zustande kamen. Nach diesem Gespräch wurden mithilfe meines Geistführers der Lebenskalender und die Verbindung vom 2. zum 5. Chakra harmonisiert. Die Nierenprobleme waren behoben und sind bis jetzt, Jahre später, nicht mehr zurückgekehrt.

Mit Sicherheit konnte ihr Problem nur deshalb gelöst werden, weil ihr Mann sich von mir überzeugen ließ, dass Freiheit ein Bedürfnis ist und mangelnde Freiheit in der Ehe einem Liebesentzug gleicht. Liebesentzug, erklärte ich ihm, führt unweigerlich in die Krankheit. »Freiheit ist die Kraft, Rechtes zu tun!« Das hat er als Richter verstanden. Meiner Meinung nach wäre eine Behandlung ohne ein Gespräch mit den Eheleuten erfolglos geblieben.

Diesen Fall habe ich hier vorgestellt, weil Freiheitsentzug in der Familie ein weites Thema ist. Wenn Sie bewusst in Beziehungen hineinschauen, besonders wenn einer der Angehörigen chronisch krank ist, wird es Sie erschüttern. Sie werden erkennen, wie Menschen im privaten Leben scheitern, wenn die Vertrauensbasis zerrüttet ist und der Lebensweg in die Krankheit mündet. Chronisch Kranke finden wir auch in zerrütteten Nachbarschaften und Betrieben bis hin zur Politik. Illusionslos sollten wir uns darüber im Klaren sein, dass dort, wo Freiheit, Verantwortung und Vertrauen sich auflösen, ein chronisch Kranker mit Pillen, Säften, Injektionen und bloßem Handauflegen nicht heilbar ist. Gefordert ist das Aufdecken der Hintergründe, die zu einer Flucht in die Krankheit führten.

In die Hintergründe der Not hineinschauen – wahrnehmen – ist für einen Geistheiler das Diagnosemittel. Es entwickelt sich mit der Zeit in der Behandlung. Erst am Patienten wächst die Erfahrung, um was es eigentlich geht.

Außersinnliches Sehen und Fühlen sind zwei höchst sensible Wahrnehmungssysteme, die so weit aktiviert werden können, dass wir ständig mit allem um uns herum kommunizieren. Das heißt: Wir empfangen ständig energetische Botschaften, die Resonanzen in uns auslösen, und entwickeln Mitgefühl.

Sind beide außersinnlichen Wahrnehmungsfelder – Sehen und Fühlen – durch entsprechende Übungen aktiviert und gestärkt, kommt der so Sensibilisierte mit einer noch höheren Form unseres Seins in Kontakt. Außersinnlichkeit führt in die Übersinnlichkeit, in die Medialität. Doch bevor dieser übersinnliche Kontakt gepflegt wird, sollte jeder Heiler, der diesen Weg einer bewussten Zusammenarbeit mit dem Geist gehen möchte, sehr viel Erfahrung auf dem Gebiet der feinstofflichen Energien gesammelt haben. Meine Erfahrungen und die Erfahrungen der Studierenden in unserer *Schule der Geistheilung nach Horst Krohne* ® zeigen ganz klar: Wenn die Orientierung fehlt und solange die energetischen Systeme, also die Chakren und Meridiane mit all ihren Verbindungen, nicht verstanden wurden, kann der Kontakt zur Geistebene Verwirrung, Abhängigkeit und Angst hervorrufen. Es ist deshalb äußerst wichtig, die Sprache der Bioenergien zu verstehen und zu wissen, dass sowohl positive als auch negative Erfahrungen Spuren im Energiefeld eines Menschen hinterlassen. Das geschieht über Emotionen, die sich aber nicht nur in unser Energiefeld eingraben, sondern sich sogar materialisieren und in Form chemischer Stoffe in unserem Körper ablagern.

Solche sozusagen »eingeschweißten« Erlebnisse finden ihren Ausdruck auch in den Energiemustern beispielsweise der Chakren und können nur an der Stelle, wo sie vergraben liegen, wieder aufgelöst werden. Die Speicherkapazität unserer Energiesysteme ist erstaunlich groß, viel größer als die unserer Erinnerungen. Selbst die energetischen Abbilder unserer Organe können ganze Lebensgeschichten speichern, wie ich in meinem Buch *Organsprache-Therapie* gezeigt habe.

Unser Problem als Heiler ist, wir können nicht für einen anderen Menschen leben, wir können nicht den Krankheitsverursacher auflösen. Dies kann nur der Kranke selbst. Was wir aber können, ist, dem Kranken Kraft zu geben, indem wir seine Energiefelder stärken und harmonisieren. Dann besteht immerhin die Möglichkeit, auf den drei Ebenen Freiheit, Verantwortung und Vertrauen neue Rahmenbedingungen zu schaffen, die es dem Kranken ermöglichen, mit dem scheinbar Unmöglichen fertig zu werden. Wenn Sie als Heiler bei austherapierten Patienten diese drei fundamentalen Bereiche – Freiheit, Verantwortung und Vertrauen – ergründen und nach Wegen der Erstarkung suchen, wird es Ihnen gelingen, so manchen hoffnungslosen Fall auf einen Heilsweg zu bringen.

Fassen wir nochmals zusammen: *Wesentlich sind Freiheit, Vertrauen und Verantwortung.* Kann eine der Qualitäten nicht gelebt werden, leidet der Mensch seelisch. Er wird aber erst dann körperlich krank, wenn andere krank machende Prozesse hinzukommen. Fehlen zwei dieser Qualitäten bei einem Menschen gleichzeitig, treten neben der seelischen Not auch körperliche Erkrankungen auf. Diese Krankheiten kommen und gehen als Leidensdruck aus den nicht vorhandenen oder unterdrückten Grundbedürfnissen der Seele. Kommt es zwischendurch zu einer Erleichterung und entstehen Vertrauen, Verantwortung und Freiheit, schwindet die physische Belastung. Sie kehrt aber zurück, wenn sich die Lebensumstände ändern und diese Qualitäten, die den Grundbedürfnissen der Seele entsprechen, schwinden – vergleichbar mit der Wetterfühligkeit.

Das Drama der Heil- und Therapielosigkeit zeigt sich dann, wenn alle drei Qualitäten im Lebensinhalt eines Menschen fehlen. In einem solchen Fall haben wir den Patienten, der auf Heilanwendungen nicht mehr reagiert. Bei diesen Menschen hilft nur, in einer Heilstrategie die Dinge aufzulösen und zu verändern, die ihn zu Unfreiheit, Vertrauenslosigkeit und Verantwortungslosigkeit geführt haben. Weil wir als Geistheiler mit unseren geistigen Helfern die Möglichkeit haben, das Problem in den unbewussten Schichten der Seele zu erreichen und damit quasi an der Wurzel zu packen, greifen unsere energetischen Informationen auch dann oder gerade deshalb, weil nicht äußere Anwendungen zum Zug kommen, sondern eine Stärkung der Seele erreicht wird. Und diese Stärkung führt schließlich zu dem, was vorher nicht möglich war.

Bedenken wir immer, dass wir niemals für einen anderen Menschen leben können und deshalb auch nicht sagen dürfen: »Ich heile dich.« Nur wenn es uns gelingt, mit unserer Erfahrung, mit unseren Geistführern und mit Gottes Hilfe das Bewusstsein der schwachen Seele zu erwecken und diese in eine neue Dynamik zu führen, setzt das ein, was vorher fehlte – Selbsterkenntnis, Selbstverwirklichung und somit Heilung. Heilen ist und bleibt ein Bewusstseinserweiterungsprozess, und wenn wir diesen beim Kranken mit unserer Informationsübertragung nicht erreichen, kann keine Heilung entstehen.

In meinem Buch *Geistheilung ist ansteckende Gesundheit*[5] zitierte ich eine Aussage meines Geistführers: »Du kannst als Heiler einen Menschen in seiner Krankheit nur verstehen, wenn du dein Denken auf sieben Begriffe reduzierst.« Mit den sieben Begriffen sind die Chakren gemeint. Aus diesem Grund nannte ich in den Beispielen die Chakren-Disharmonien, die bei mangelnder Bewusstheit Unvollkommenheiten aufzeigen und somit Rückschlüsse auf den Hintergrund der Erkrankung zulassen. Trainieren Sie als Heiler Ihr Bewusstsein, entwickeln Sie ein »erkennendes Bewusstsein«, schauen Sie in die Energiefelder der Menschen, suchen Sie die Verbindung zur Geistigen Welt und bitten Sie um ihre Hilfe. Verlassen Sie sich nicht allein auf Ihr Tagesbewusstsein, denn das haben alle anderen Therapeuten vor Ihnen bereits eingesetzt, und der Patient blieb unheilbar.

Heilung ist eine Kunst, ist ein Gebet, ist Liebe. Heilung mit Chakrenenergie erfordert die Hingabe des Heilers und ist ein Sichöffnen für das Höhere, Geistige und Göttliche. Chakrenenergie entfaltet eine Wirkung, die nicht aus dem menschlichen, in uns vorhandenen Energiefeld kommt. Der Geist ist in uns, aber die geistige Kraft, die übertragen wird und heilend wirken kann, fließt nur in einem passiv dienenden Bewusstseinszustand. Der Mensch – der Heiler – wird zum Vermittler, zum Kanal der Kraft und Intelligenz, die alles Leben spendet. Alle diese Energien und Informationen der geistigen heilenden Kraft unterliegen eigenen Gesetzmäßigkeiten. Unsere fünf Sinne und unsere Lebenserfahrungen reichen nicht aus, um diese Strömungen zu verstehen. Aber wir können daran glauben. Glaube, Religiosität und Spiritualität sind also für viele Heiler die Grundlage ihres Heilerfolges. Glaube ist kein Wissen, aber Glaube kann zur Kraft werden, Wissen zu erlangen.

Anfangs schrieb ich: In »unheilbar« steckt »heilbar«, in »austherapiert« steckt »Therapie«. Geben Sie nie die Hoffnung auf, denn Heilung ist ein Gesetz des Lebens. Ohne Heilung kein Leben. Suchen Sie bei den Hoffnungslosen in allen Schichten ihres Bewusstseins

- nach fehlender Freiheit, denn Freiheit ist die Kraft des rechten Tuns
- nach fehlendem Vertrauen, denn Vertrauen ist der Weg zu Gott, und für Gott ist alles möglich
- nach fehlender Verantwortung, denn Verantwortung ist die Kraft der Evolution, die Kraft des Wachstums und der Entwicklung

Machen Sie aber nicht den Fehler, alles auf einen Mangel an Freiheit, Verantwortung oder Vertrauen zurückzuführen. Es gibt genügend andere Krankheitsverursacher, nur sprechen die Patienten bei anderen Verursachern meistens gleich auf Heilanwendungen an. Wenn das bei unseren drei Qualitäten so anders ist und die Kranken anwendungsresistent sind, dann müssen sie im evolutiven Entwicklungsprozess des menschlichen Bewusstseins eine große Rolle spielen. Aber welche? Liegt das Problem vielleicht in der polaren Weltordnung?

Betrachten wir einmal einige Polaritäten:

Individuum	und	Kollektiv
Diesseits	und	Jenseits (= Mensch und Gott)
Ich	und	Du
Egobewusstsein	und	Kollektivbewusstsein

Verbindende Kräfte bei diesen Polaritäten sind nun mal unsere drei Qualitäten. Schauen wir uns Verantwortung an:

Bei *Individuum und Kollektiv* finden wir hier den Sinn von »Einer für alle und alle für einen«.

Bei *Diesseits und Jenseits (= Mensch und Gott)* müssen wir nicht für unseren von der Schöpfung erschaffenen Körper Verantwortung übernehmen, und gleichzeitig haben wir die Freiheit zu entscheiden.

Eine Partnerschaft – *Ich und Du* – ist nur durch Vertrauen harmonisch, und Liebe macht frei.

So ist es auch bei allen anderen Polaritäten und diesen drei Begriffen.

Zusammenfassend kann gesagt werden: Eine harmonische Partnerschaft, Familie, unser christlicher Glaube oder eine liberale Gesetzgebung gehen von Freiheit, Verantwortung und Vertrauen aus. Fehlen sie, dann scheitert das Leben! Es scheitert in Bezug auf Gott, aber auch auf das eigene Leben, den Beruf, die Familie und andere, profanere Bereiche.

Wir sollten uns im Klaren sein, dass die sozialen Heilversprechen der Krankenkassen und medizinischen Wissenschaft bei manchen Freiheit, Verantwortung und Vertrauen aufzulösen vermögen, indem sie scheinbar Sicherheit versprechen – durch sprichwörtliche Götter in Weiß. Der entmündigte und seiner Verantwortung entledigte Mensch wird jedoch unfrei. Dabei kommt es immer entscheidend auf das persönliche Bewusstsein, auf die Verhaltensweisen des Einzelnen an.

Es gibt kein ideales, auf alle Menschen passendes Heilmodell, doch haben wir als Heiler die Möglichkeit, mit unserem »erkennenden und wissenden Bewusstsein« und mit der Medialität in das Gefüge der Seele einzugreifen. Die Chakren als Kommunikationsebene zwischen zwei Welten bieten uns Heilern genügend Möglichkeiten, steuernd einzugreifen und den Austherapierten informativ zurückzuführen in die Verantwortung, das Vertrauen und die Freiheit und somit in die Therapierbarkeit und Heilung.

....

Ich möchte dieses Kapitel mit zwei Durchsagen aus der Geistigen Welt beenden:

»Wenn du bei Verstand bist, wirst du die Geistheilung nicht verstehen, wenn du logisch denkst, kannst du den Geist nicht erklären. Wenn du im Empfinden bist, kannst du Heilung spüren. Wenn du deinen Willen zurücknimmst, wird die Heilung stärker. Wenn du absichtslos bist, ist der Geist bei dir. Ohne Willen, ohne Absicht, mit dem Herzen in liebevoller Zuwendung ist dein Weg als Heiler.«

»Betrachte niemals die Seele eines Menschen als ein krankes Wesen, denn sie kann nicht immer in Vollendung wirken, weil von Reinkarnation zu Reinkarnation sich die Bedingungen verändern. Diese veränderten Bedingungen müssen mit erweitertem und neuem Bewusstsein gefüllt werden. Diese Leistung der Anpassung, bei gleichzeitigem Erhalt aller biologischen Prozesse, ist selbst für erfahrene Seelen eine Herausforderung. Auch unser kollektives Wirken aus dem Geiste reicht nicht immer aus, alle Seelen zu stützen. Aus diesem Grund benötigen die Seelen zusätzlich eine aus dem Physischen wirkende Kraft, eine von Lehrern und Heilern in den verschiedensten Bereichen. Vertraue du als Heiler immer auf die Kraft, die dem Leben gegeben ist. Auch wenn du dich mit deinen Bemühungen einbringst, bist und bleibst du nur ein Zeuge der Heilung. Heilende Kraft wirkt immer gleich. Ob sie von Mensch zu Mensch übertragen wird oder aus dem Geiste kommt, es ist immer das Bewusstsein des Kranken, das Heilung zulässt oder auch nicht!«

KOMMUNIKATIONSSTÖRUNGEN IM CHAKRENSYSTEM

Die Kommunikation zwischen den verschiedenen Energiesystemen und Feldern, selbst zwischen Organen und Organfunktionen, bis hin zum Informationsaustausch der Zellen, ist im physischen Körper das Grundprinzip des Lebens, das durch sein Bewusstsein (= der Summe aller Felder) mit dem schöpferischen Geist (= göttliches Bewusstsein) in Wechselwirkung steht. Ohne ständigen Informationsaustausch im Kleinen wie im Großen ist Leben nicht möglich. Brechen Teile in der Wechselwirkung der Kommunikation auseinander, ist Krankheit bis hin zum Tod die Folge. Als Heiler nutzen wir diese informativen Wechselwirkungen, spüren mit außersinnlicher Wahrnehmung die Kommunikationsblockaden oder den fehlenden Informationsaustausch der Felder auf und verwerten dies in der Diagnose und Heilung.

Zu betonen ist, dass Erkrankungen gleich welcher Art in der überwiegenden Mehrzahl nicht durch den Ausfall einzelner Felder entstehen, sondern durch mangelnden Informationsaustausch. Das zeigt sich auch in der Psychosomatik, einem Informationsaustausch-System von höchstem Rang. Schwingen beide Ebenen, Körper und Psyche/Seele in Harmonie, ist das, was wir Gesundheit nennen, äußerst stabil – der Mensch ist belastbar. Gibt es Differenzen zwischen dem Körperbewusstsein und dem Psychisch-Seelischen, entwickelt sich eine psychosomatische Erkrankung.

Mehr als siebzig Prozent aller Krankheiten entstehen so, Krankheiten, die der Mensch in sich entwickelt. Sie beruhen entweder auf Verständigungsdifferenzen zwischen dem Körperbewusstsein und dem Psychisch-Seelischen, oder eine Seite ist in sich ungereimt oder unfähig, diesen lebenswichtigen Dialog zu führen. Auf der körperlichen Seite mit dem Tagesbewusstsein können Umwelteinflüsse, Strahlungen, Gifte, einseitige Ernährung oder falsche Glaubenssätze, unhaltbare Meinungen und Unterdrückungen sowie mangelnde Freiheit die harmonische Grundlage verzerren und einen vernünftigen Dialog zwischen Körper und Seele verhindern. Die Seele leidet dann mit oder ist verärgert; psychisches Leid kann entstehen. Grundsätzlich kann man sagen: »Hast du Probleme im Psychischen, suche im Physischen. Hast du Probleme im Physischen, suche im Psychischen.«

Körperliche Erkrankungen entstehen größtenteils also in der Psyche/Seele, hervorgerufen durch die Differenzen der unsichtbaren Felder. Lässt man das unberücksichtigt, wird der psychosomatisch Erkrankte, sollte er nur von der körperbezogenen Heilkunde behandelt werden, einen langen Leidensweg gehen.

Als ich mit meiner außersinnlichen Wahrnehmung die Chakren und Kundalini sehen lernte und dann auch noch die Nebenchakren mit ihren Verbindungen (*Nadis*) erfasste, wurde mir klar, dass dies der Schlüssel zu einer neuen Diagnose- und Heilmethode ist. Im Laufe mehrerer Jahre entwickelte ich einen Beurteilungs- und Behandlungsplan, der es erlaubt, die psychisch-seelische Unwissenheit, die psychosomatischen Erkrankungen, durch Geistiges Heilen auszugleichen.

Mein Hauptproblem war, wie konnte ich meine medialen Sichtweisen für Studierende, die noch nicht genügend Medialität entwickelt hatten, in den Ausbildungsplan der *Schule der Geistheilung nach Horst Krohne* ® einbringen?

Schließlich fand sich eine Lösung. Schon seit Jahren benutzte ich zum Bestimmen von Energiefeldern Einhandruten, und das beste Modell war der »Biotensor« von Dr. Oberbach. In dem von mir geführten Zentrum für Lebenshilfe auf Teneriffa entwickelten wir den *VivoMeter,* einen verbesserten Tensor, der es erlaubt, mit Abtastelektroden die Differenzen im Chakrensystem aufzuzeigen. Diese Diagnosemethode ist erlernbar und bedarf lediglich eines gewissen Einfühlungsvermögens, keiner hohen Medialität. Aber die Voraussetzung für eine aussagekräftige Diagnose ist nicht der Umgang mit dem VivoMeter allein, es bedarf auch eines ausreichenden Wissens über die Dynamik der Felder und deren Auswirkungen disharmonischer Tendenzen.

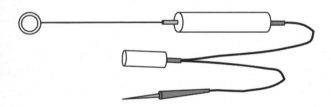

Der Umgang mit dem *VivoMeter* sollte am besten in einem Kurs erlernt werden, damit die äußerst vielseitigen Messergebnisse des Gerätes verstanden werden. In der *Schule der Geistheilung nach Horst Krohne* ® widmen wir dem *VivoMeter* viel Zeit, stellt dieses Instrument doch die Verbindung zwischen »bewusst« und »unbewusst« her.

Für einen Menschen ohne Medialität, ohne außersinnliche Wahrnehmung, ist es schwer nachvollziehbar, welche Dynamik in den Feldern der Chakren herrscht. Erst am Menschen und im Vergleich von gesunden und kranken Menschen entsteht Erkenntnis über die im Unsichtbaren wirkenden energetischen Prozesse.

Chakren, so wird allgemein gesagt, sind Einfallstore des Geistes, und in diesen wirbelnden Feldern übersetzt die Seele geistige Informationen in bioenergetische Steuerungen des Körpers. Chakren sind Transformatoren zwischen »unbewusst« und »überbewusst«. Im Gegensatz dazu ist die Transformation zwischen »unbewusst« und »bewusst« die Psychosomatik. Die Seele wohnt in den Chakren, und die Seelenqualität mit ihren Erfahrungen, ihrem Wissen und Können spiegelt sich in der Qualität des Physischen wider. Der eigene Körper und die Umwelt sind der Gegenpol zur Dynamik der Chakren. Die individuelle Vitalität ist das Resultat des Wechselspiels von Umwelt/Körper und Seele. Diese entscheidet mit ihren Talenten und ihrem Unvermögen letzten Endes über Gesundheit und Krankheit, über Erfolg oder Misserfolg. Kurz gesagt: Die Qualität der Chakren und die Qualität im Physischen sind ein und dasselbe.

Lange Zeit suchte ich nach einer Erklärung, welcher Art die Kommunikation zwischen Seele und Körper ist. Nach meinen Betrachtungen konnten es Energie und Information allein nicht sein. Immer wieder hatte ich festgestellt, dass die Farben bestimmter Chakrenmuster mit bestimmten Charaktereigenschaften einhergehen. Dieses Farbenspiel pflanzt sich in den Verbindungsbahnen der Chakren-*Nadis* fort, stimuliert das Farbspektrum der Meridiane und wird sichtbar in der Aura. Farbveränderungen der Chakren können spontan auftreten, und wenn sie in andere Energiesysteme hineinwirken, verändert sich sofort der Gemütszustand des Menschen. Bemerkenswert ist die umgekehrte Verkettung. Der Mensch ärgert sich oder wird laut, ein aggressiver Zustand entsteht, und in der Aura werden rote Energiemuster sichtbar. Ist das Ärgernis stark genug, erreichen die Farbveränderungen das Chakrensystem, und mit diesem aufschwingenden Muster muss sich nun unser Unbewusstes, unsere Seele, auseinandersetzen. Dabei hängt es von der Seelenqualität ab, wie weit die Emotionen verarbeitet werden können. Ist die Seele mit einem bestimmten Problem überfordert, geschieht das, was in der Psychologie als Verdrängung betrachtet wird.

Der Vorgang des Verdrängens ist für das Gesamtbewusstsein eine Notwendigkeit. Während das verdrängte Problem irgendwann erlöst werden muss, dient das Verdrängen der harmonischen Informationsübertragung. Ganz vergessen wird etwas nie, denn aus dem Unbewussten, in dem die Probleme abgelegt wurden, melden sie sich immer wieder, sobald ähnliche Ereignisse auftreten. Ein verdrängtes Problem verhält sich wie ein Flugzeug in der Warteschleife, irgendwann geht ihm der Sprit aus, es muss gelandet werden. Geht die Kraft der Verdrängung zur Neige, landen die unerlösten Konflikte wieder im Hier und Jetzt.

Resonanzfähigkeit

Jede psychische Eigenschaft trägt in sich ein ganz bestimmtes Schwingungsmuster. Damit diese Vibration als Information den Körper erreicht, muss organische Substanz – wie Moleküle oder Zellen – in gleicher Frequenz schwingen. Ist der Körper einschließlich aller Spurenelemente gut versorgt, bietet er eine breite Palette von Schwingungsmustern und somit eine vielfältige Resonanzfähigkeit, eine gute psychosomatische Übertragung.

Psychische Eigenschaften sind, so wie ich sie verstehe, die Sprache der Seele, und aggressive Verhaltensmuster werden als Informationsträger genauso benötigt wie zarte Verhaltensweisen. Leistung erbringen, sich durchsetzen bis hin zu Kämpfen ... Das verlangt robuste Resonanzschwingungen zwischen Körper und Seele. Der Mensch kann nicht nur lieb sein, und die Kombination all seiner Verhaltenseigenschaften ist nicht nur einzigartig, sie formt den Körper auch. Im Äußeren bilden sich so Handlinien, Gesichtszüge und vieles mehr, im Inneren werden auf diese Weise die Körperchemie gesteuert, die Zellen, das gesamte organische Gefüge. Der Körper wird zu einem Abbild des psychischen Profils – so etwas nennen wir psychosomatische Resonanz.

Ich möchte es Ihnen an einem Heilbeispiel erklären:

Ein Patient von mir, ein Hochleistungssportler, hatte Heilungsprobleme, wenn er sich verletzte. Die Ausheilung beispielsweise eines Muskelfaserrisses dauerte doppelt so lange wie bei anderen Menschen. Meine Energiediagnose ergab bei ihm ein starkes 4. Chakra, das Heilzentrum war also in guter Verfassung. Alle anderen Chakren bewegten sich ebenfalls im Normbereich, mit geringfügigen Abweichungen hier und dort, die aber niemals für eine Heilverzögerung herangezogen werden konnten. Das Problem lag in der Kommunikation zwischen dem 2. Chakra (Sakral) und dem 5. Chakra (Hals). Weil diese beiden Chakren einen starken Einfluss auf die Körperchemie ausüben, führte ich bei ihm einen Mineral- und Spurenelemente-Test durch. Dieser Vergleichstest zwischen dem Körper und den Mineralien ergab einen Mangel an Kalium. Im verfeinerten Vergleich zeigte sich: Das Sakralchakra, das für die Ausscheidung zuständig ist, schied immer dann Kalium aus, wenn Stress empfunden wurde, der eindeutig vom Halschakra ausging.

Aus meiner in ähnlichen Fällen gesammelten Erfahrung wusste ich, dass Heilung über die Chakren allein nicht viel brachte, es musste gleichzeitig der Kaliummangel behoben werden. Im Beratungsgespräch empfahl ich ihm daher, sich eine Tabelle mit Angaben über Mineralien-Anteile in den Lebensmitteln zu besorgen, stark kaliumhaltige Lebensmittel zu bevorzugen und für den Anfang, um einen Ausgleich herbeizuführen, eine Kur mit Kaliumtabletten zu beginnen. Er war einverstanden, ich behandelte die beiden Chakren und erreichte eine vollständige Harmonie zwischen beiden. Weil der Patient mitmachte und Verantwortung übernahm, konnte sein Problem mit einer Sitzung gelöst werden. In allen Fällen von Mangelerscheinung hat sich gezeigt: Erst wenn der Ausgleich erfolgt und der Mangel behoben wird, kann erfolgreich mit Geistheilung therapiert werden.

Eine der großen Herausforderungen für die Seele ist die Vererbung im Genetischen. Wenn das psychische Gesamtbild auf eine physische Vererbung stößt und beide Teile hinsichtlich ihrer Resonanzfähigkeit schwer zusammenpassen, können psychosomatische Erkrankungen den Betreffenden ein Leben lang begleiten. Wenn wir sagen, jede Krankheit ist ein Hilfeschrei der Seele, ich komme mit den Bedingungen nicht klar, so kann das zwei Gründe haben: Die nicht zueinander passende psychische und physische Verfassung, Vererbung und vorliegende Seelenmuster oder die Umstände, in denen sich die Seele behaupten muss, sind zu schwierig, und sie hat Probleme mit der Umwelt oder dem Milieu. In beiden Fällen liegt einem Scheitern der Seele ihre Unerfahrenheit zugrunde, in vielen Fällen schleppt sie dann verdrängte, unerlöste Konflikte mit sich herum.

Alle aufgeschwungenen Muster, die unverarbeitet bleiben, werden im Chakrensystem abgelegt und bleiben als Farbveränderungen/Schwingungsveränderung so lange sichtbar, bis es zu einer Auflösung kommt. Solche hauptsächlich im 7. Nebenchakra (Lebenskalender) abgelegten unerlösten Konflikte können Jahrzehnte schlummern. Jedes Mal, wenn ein ähnliches unlösbares Problem auftaucht, muss es wieder verdrängt, abgelegt werden. Solche aufgepfropften Dramen können zu einem Störfeld erster Ordnung werden und das gesamte System gefährden. Das Seelenbewusstsein reagiert nun mit Abkapselung, indem der überladene Teil nicht mehr am Kommunikationsnetz aller Chakren und Nebenchakren teilnimmt. Unverarbeitete Konflikte, Dramen und Schockerlebnisse sind der Verursacher der schon oft angesprochenen Kommunikationsstörungen in den Lebensenergiesystemen. Sie sind der Hauptgrund aller psychosomatischen Erkrankungen.

Bevor ich mich über die unglaubliche Kraft der Geistheilung in Bezug auf psychosomatische Erkrankungen äußere, möchte ich weitere aus meiner Erfahrung gewonnene Zusammenhänge zwischen Körper und Seele aufzeigen. Es ist möglich, mit der Chakrendiagnostik die Grundmuster des Charakters eines Menschen aufzuzeigen. Nimmt man die Nebenchakren und *Nadis* hinzu und bezieht alle Verbindungen mit ein, ist sogar ein ziemlich genaues Charakterbild einer Person möglich.

Bis ins Detail gehende Beurteilungen des Chakrensystems ergaben, dass der Durchschnittsmensch etwa 250 gute wie schlechte Charaktereigenschaften lebt. Die Bandbreite kann von Person zu Person schwanken und liegt zwischen 150 bis 350 psychischen Verhaltensmustern. Insgesamt gibt es etwa 1 100 Grundbegriffe für psychische Eigenschaften. Neben diesen Wurzelbegriffen haben wir in der deutschen Sprache noch etwa 4 000 Umschreibungen. Nehmen wir als Beispiel eine Eigenschaft heraus: Fleiß. Über einen fleißigen Menschen können wir auch sagen, er ist tüchtig, er ist arbeitsam oder er ist aktiv, alles Umschreibungen von Fleiß.

Wenn wir, wie eben festgestellt, von den etwa 1 100 Wurzelbegriffen, die wir kennen, nur etwa 250 beim Menschen finden, dann sind wir alle psychisch »unterentwickelt« und weit entfernt von Vollkommenheit. Zu bedenken gilt auch, dass die Zusammensetzung der Eigenschaften so unterschiedlich ist, dass sie am besten durch die Redewendung »Jeder Mensch ist einzigartig« wiedergegeben wird. Wie ein Mensch mit seinen Charaktereigenschaften umgeht, was er gerade im Begriff ist zu lernen und noch lernen wird oder bereits gelernt hat, kann mit einiger Erfahrung in den Chakren wahrgenommen werden. Besonders die eingeschweißten unerlösten Konflikte geben deutlich Auskunft über die Unwissenheit der Seele – nämlich dadurch, wie schwach die Seele Lebensereignisse verarbeitet. Unwissenheit ist wahrscheinlich das größte Problem im Bewusstsein und lässt Leid und Not entstehen. Es ist unser Schicksal, dass wir nie alle menschlichen Eigenschaften zur gleichen Zeit (in einem Leben) besitzen können und immer eine Auswahl im psychischen Profil leben, das deutliche Einseitigkeiten haben kann.

Unser Seelenvermögen ist dreigeteilt. Einen Teil ihrer Aktivität verdankt die Seele ihrer Verbindung zum Geist, oft auch als Geistseele bezeichnet. Jede Art von Medialität, die Geistheilung und das gesamte Lebenserhaltungsprogramm laufen über diese Verbindung. Eine weitere Aufgabe der Seele besteht darin, als Vermittler den Körper zu beleben. Diesen Dialog zwischen Körper und Seele übernimmt jener Seelenanteil, den wir Psyche nennen.

Die menschliche Seele entwickelt ein Bündel von Eigenschaften, Neigungen, Bedürfnissen und unseren Charakter. Gleichzeitig fließt über diese Verbindung Lebensenergie zum Körper. Die Psychosomatik kann somit als Sprache der Seele verstanden werden.

SEELENKRAFT

So schwierig die Lage im Einzelnen auch sein mag, im Hintergrund haben wir unsere Seele, die durch ihre Eigenschaften Wirkung entfaltet. Es ist nicht der Charakter, es sind diese Eigenschaften oder Kraftfelder, die uns auf dem Weg zur Vollkommenheit weiterhelfen. Etwa einhundert davon kann die Seele einsetzen, und sie können so machtvoll wirken, dass selbst die schwierigste Zusammensetzung eines Charakters harmonisiert wird.

Zu den seelischen Ausdrucksformen gehören an erster Stelle: Liebe, Heiligkeit, Seligkeit, Gottvertrauen, Moral, Gewissen, Glaube, Weisheit. Darüber hinaus haben wir noch unsere Talente, die es ermöglichen, aus Situationen oder einem bestimmten Thema das Beste zu machen.

Wollen wir als Heiler einem psychosomatisch Erkrankten helfen, ist es wichtig, die beiden Bewusstseinsebenen »Seele und Psyche« getrennt zu betrachten. Die rein seelische Ebene umfasst auch alle Bereiche der Selbstregulation. Ist hier wenig Talent und mehr Unvermögen vorhanden, wird es selbst für einen erfahrenen Geistheiler schwer, heilende Akzente zu setzen.

Mangelnde Heilkräfte finden wir im Herz-, Stirn- und Scheitelchakra und in deren Nebenchakren. Solange in diesen Feldern keine Harmonie entsteht, sind Heilanwendungen weitgehend wirkungslos. Jeder Heilansatz sollte deshalb zuerst dahin gehen, die Stärke und Harmonie in diesen Chakren aufzubauen. Bei erfahrenen Heilern konnte ich immer wieder beobachten, dass sie über den Kopf oder über das Herzchakra ihre Heilung ansetzten.

Die Elemente des Chakrensystems geben uns einen weitgehenden Einblick in das Potenzial der Seele mit all ihren Fähigkeiten und Unfähigkeiten. Da die Chakren der Sitz der Seele sind, zeigen Abweichungen von runden Formen und normaler Größe sowie Farbveränderungen und Positionsverlagerungen eine mangelnde Stärke der Seele an. Betrachten wir die Verbindungen der Chakren untereinander (*Nadis*) sowie ihre Kommunikation mit den Meridianen, so finden wir darin das psychische Geschehen, die »Sprache der Seele«. Diese »Sprache der Seele« bildet das Kommunikationsfeld der Energiefelder untereinander. Die Wahrnehmung der einzelnen Chakren und ihrer Nebenfelder sowie die Verbindung der Chakren untereinander und in Bezug auf die Meridiane ermöglicht eine Beurteilung des Unbewussten. Grundsätzlich ist das seelische Potenzial der Ausdruck unserer Lebensqualität.

Ein Chakra, das in der richtigen Größe von sechs bis acht Zentimeter Durchmesser und rund erscheint, ist Ausdruck einer guten seelischen Kraft. Alle Abweichungen in Größe und Form, ob zu klein, zu groß, zu hell, zu dunkel, etwaige Farbverschiebungen und alle unrunden Formen sind ein Hinweis auf seelische Defizite. Chakren sind wirbelnde Felder, die mit einer bestimmten Geschwindigkeit rotieren. Stimmt die Geschwindigkeit nicht, verändern sich Helligkeit und Farbe, der Energiestrudel taumelt, wird unrund und verändert manchmal seine Position auf der Kundalini-Achse. In meinem Buch *Die Schule der Geistheilung*[6] sind diese Beobachtungen weitgehend beschrieben. Je mehr der sieben Chakren und ihrer Nebenchakren eine ideale runde Form erreichen, desto stärker ist die Kraft der Seele. Ausgewogene Chakren zeigen durch ihre Ausgewogenheit, dass ein großer Teil der hohen menschlichen Eigenschaften und Talente vorhanden ist. Bemerkenswert ist, dass ich noch bei keinem Menschen – und ich habe das Chakrensystem von Tausenden in Farbe und Form betrachtet – eine Vollkommenheit in der Struktur aller Chakren gefunden habe. Sollten meine Eindrücke richtig sein, gibt es den vollkommenen Menschen hier auf der Erde nicht.

Wir alle sind Lernende, und wir sind nicht vollkommen – wir streben danach. Unsere Seele mit ihren Möglichkeiten bemüht sich durch eine Auswahl psychischer Eigenschaften, den Körper zu beleben und ihn auf der Erde im Kollektiv wirksam einzubringen. Ein Viertel bis ein Drittel aller bekannten Charaktereigenschaften wird im persönlichen Ich vereint. Leicht und schwer zu lebende Eigenschaften werden aus dem großen Topf der Möglichkeiten von Leben zu Leben neu zusammengestellt. Mit jeder neuen Zusammensetzung wollen oder müssen wir Erfahrungen sammeln, und so ist jede Reinkarnation auf der Erde einzigartig. Das gilt für das persönliche Profil wie für alle zu durchlaufenden Zeitumstände.

Dieser ständige Wechsel in der Zusammensetzung der Psyche bietet über viele Leben hinweg anscheinend mehr Erkenntnismöglichkeiten für die Seele, als wenn ihr alle Eigenschaften auf einmal zur Verfügung stehen. Ob über die Seele oder das Körperbewusstsein, wir ziehen es offenbar vor, durch psychische Teilbewusstseine zu lernen. Eine zu große Fülle mentaler und psychischer Möglichkeiten ist wohl nicht sinnvoll lebbar. Es ist bekannt, dass Genie und Wahnsinn dicht beieinanderliegen. Auch eine Reizüberflutung bringt uns an die Grenzen aller Wahrnehmungs- und Handlungsbereitschaften.

Wir haben nur ein begrenztes seelisch/psychisches und mentales Bewusstsein. Das Teilbewusstsein der Seele ist auf unsere sieben Chakren verteilt. Jedes Chakra hat bestimmte Aufgabenbereiche und somit sehr unterschiedliche repräsentative Eigenschaften. In dieser für die Dauer eines Lebens einmaligen Zusammensetzung können oder müssen Differenzen zwischen den Chakren auftreten, besonders dann, wenn Gegensätze im Charakter, beispielsweise dynamische und phlegmatische Verhaltensweisen, vorhanden sind. Durch die Fähigkeit der Seele, verhaltensregulierend einzugreifen, sind es genau diese Gegensätze, die auf dem Wege der Unterscheidung zu Erkenntnissen führen. Über das einzelne Chakra kann die Seele mit der ihr gegebenen Sensorik spüren und verhaltensregulierend wirken, doch erst durch das Zusammenspiel aller Chakren werden die schwierigen Aufgaben im Rahmen einer höheren Komplexität sinnvoll gelöst. Grundsätzlich gilt: Je besser das Zusammenspiel aller Felder ist, umso harmonischer und gesünder kann gelebt werden.

Ein großer Teil der psychosomatischen Erkrankungen beruht auf einem Mangel an Information zwischen den Chakren. Weil dieser Leid und Not verursachende Aspekt bisher wenig Beachtung fand, möchte ich nun die Probleme einer schwachen Kommunikation der Chakren im Einzelnen aufzeigen. Dazu vorweg eine Kurzbeschreibung der sieben Hauptchakren mit einigen beispielhaften Gegensätzen.

Die sieben Hauptchakren

> *Sehen Sie dazu bitte die farbigen Abbildungen auf der vorderen Umschlaginnenseite!*

---

1. Chakra = **Wurzelchakra**

Farbe <u>Rot</u>, das *Prinzip* ist <u>Lebenswille</u>.
Die wichtigsten *Wurzelbegriffe* sind: Durchhaltevermögen oder Aufgeben, Fleiß oder Faulheit, Aufopferungswille oder Vernichtungswille, Leid bezwingen oder Leid akzeptieren, Siegeswille oder Flucht. Arterhaltung oder Beziehungsfähigkeit, Mut oder Feigheit, Kämpfen oder Flüchten.

---

2. Chakra = **Sakralchakra**

Farbe <u>Orange</u>, das *Prinzip* ist <u>Vergangenheitsbewältigung</u>.
Die wichtigsten *Begriffe* sind: Unterscheidung/Einseitigkeit, Auflösen/Binden, Freigiebigkeit/Geiz, Opferwille/Zurückhaltung, Verdorbenheit/Sauberkeit, Brauchbar/Unbrauchbar.

---

3. Chakra = **Milzchakra**

Farbe <u>Gelb</u>, das *Prinzip* ist <u>Eindrücke verdauen/aufarbeiten, gefühlsmäßige Intuition</u>.
Die wichtigsten *Begriffe* sind: Maßlosigkeit/Mäßigkeit, Gier/Genügsamkeit, Wut/Fügung.

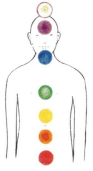

DIE SIEBEN HAUPTCHAKREN

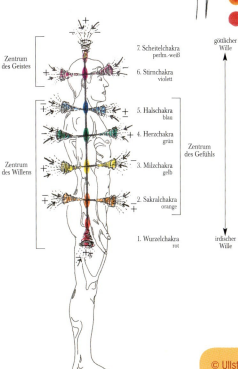

Zentrum des Geistes
- 7. Scheitelchakra — perlm.-weiß
- 6. Stirnchakra — violett

Zentrum des Gefühls
- 5. Halschakra — blau
- 4. Herzchakra — grün

Zentrum des Willens
- 3. Milzchakra — gelb
- 2. Sakralchakra — orange

1. Wurzelchakra — rot

göttlicher Wille ↕ irdischer Wille

© Ullstein Buchverlage 2013
Horst Krohne »Geistheilung«

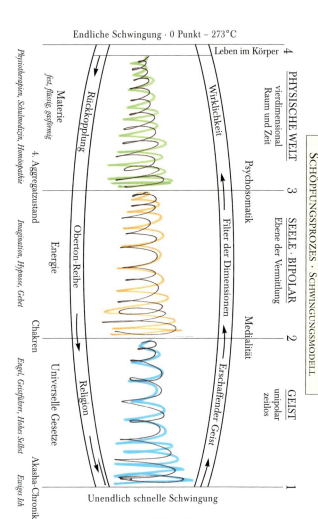

4. CHAKRA = **HERZCHAKRA**

Farbe Grün, das *Prinzip* ist Erhalten/Versorgen/Liebe/ Heilen.
Die wichtigsten *Begriffe* sind: Freundschaft/Verachtung, Mitgefühl/Hartherzigkeit, Harmonie/Disharmonie, Zuwendung/Ablehnung, Liebe/Hass.

5. CHAKRA = **HALSCHAKRA**

Farbe Blau, das *Prinzip* ist Lehren/Lernen.
Die wichtigsten *Begriffe* sind: Zufriedenheit/Unzufriedenheit, Nachgiebigkeit/Halsstarrigkeit, Gelassenheit/Anspannung, Gerechtigkeit/Ungerechtigkeit.

6. CHAKRA = **STIRNCHAKRA**

Farbe Violett, das *Prinzip* ist Denken, Intuition, Imagination.
Die wichtigsten *Begriffe* sind: Gewissenhaftigkeit/Gewissenlosigkeit, Gedankenklarheit/Gedankenlosigkeit, Glaube/Aberglaube, Vernunft/Unvernunft, Spiritualität oder deren Ablehnung.

7. CHAKRA = **SCHEITELCHAKRA**

Farbe Perlmuttweiß, das *Prinzip* ist Gewahrsein, göttlicher Wille.
Die wichtigsten *Begriffe* sind: Heiligkeit, Seligkeit, Ethik, Glaube, Medialität oder die Ablehnung von diesen Eigenschaften.

Das ist nur eine kleine Auswahl von Eigenschaften, die für jeden unterschiedlich zu ergänzen wäre. Wenn wir vom durchschnittlichen Menschen ausgehen, weist er rund fünfunddreißig von einhundertfünfzig psychischen Eigenschaften auf und besitzt etwa fünfzehn seelische Ausdrucksformen je Chakra. Menschen mit Problemen haben meistens eine zu unterschiedliche Besetzung von Eigenschaften in ihren Chakren. Das führt dann zur Überbetonung der jeweiligen Prinzipien oder zum Ausfall wichtiger Eigenschaften. Die Polarität der Eigenschaften bietet einen idealen Lernstoff, um ein ausgewogenes Leben zu führen, statt in Einseitigkeiten abzudriften mit den entsprechenden Folgen.

Wir dürfen nicht vergessen, dass in jedem Chakra die Summe aller Vorleben gespeichert ist. Dies drückt sich zusätzlich in den Talenten aus, die als Weisheit des seelischen Bewusstseins verstanden werden können. Unter Talenten verstehe ich nicht nur Musikalität, Zahlenbewusstsein oder Sprachtalent, sondern auch die Fähigkeiten der Seele, den Körper in allen Belangen zu erhalten. Daher ist es für uns Geistheiler auch so wichtig, im Falle einer bestimmten Chakrenschwäche zu wissen, welche körperlichen Defizite dahinterstecken.

Die wichtigsten Stärken oder Schwächen in den Chakren lauten wie folgt:

WURZELCHAKRA	steuert	atomare oder subatomare Dynamik, verbindet seelische mit irdischen Energien
SAKRALCHAKRA	steuert	Molekularverbindungen, Körperchemie

MILZCHAKRA	steuert	Darmflora, Mikroorganismen, auch die Mitochondrien
HERZCHAKRA	steuert	Zellen, Zellregeneration, Zellteilung, Zellheilung
HALSCHAKRA	steuert	Organe über Meridiane, die Psychosomatik
STIRNCHAKRA	steuert	den Organismus über die Nerven (Sympathikus/Parasympathikus), die fünf Sinne
SCHEITELCHAKRA	steuert	alle Gehirnfunktionen, kontrolliert Vererbung und Heilung

Diese Angaben zeigen nur die Hauptaufgaben an. Jedes Chakra dirigiert noch viele weitere Körperfunktionen. Eine bisher nicht genannte Ebene ist beispielsweise das Enzym- und Hormonsystem. Aber wir dürfen nicht vergessen, dass die verschiedenen Felder einzeln betrachtet vielleicht normal wirken, im Vergleich untereinander jedoch Ablehnung anzeigen können. In einem solchen Fall sind in den einzelnen Belangen genügend psychisch-seelische Muster (Chakrenmuster) vorhanden, aber ihr wechselseitiger Austausch zeigt Eigenschaften, die nicht zueinander passen, wie ein in sich zerrissener Mensch oder ein Mensch mit Widersprüchen. Die Stärke der inneren Widersprüche ist von den Einseitigkeiten in den jeweiligen Feldern, im Vergleich zu den anderen, abhängig. So kann es beispielsweise sein, dass das Sakralchakra einen Konflikt mit dem Halschakra anzeigt, aber in Bezug auf die anderen Chakren nicht. Es sind meistens die einzelnen elementaren Eigenschaften, die für ein Chakra repräsentativ sind und im Widerspruch zu einem anderen Ausdruck, einem anderen Chakra stehen.

Natürlich gibt es auch extreme Kommunikationsstörungen, so kann ein Chakra auf mehrere oder sogar auf alle anderen Chakren ablehnend reagieren.

Das ganze Thema ist sehr umfangreich, finden wir doch im Gesamtsystem der Chakren mit all seinen Verbindungen (*Nadis*) den umfassenden Ausdruck und das Verhalten einer Persönlichkeit. Neigungen, Bedürfnisse, Talente und Unvermögen können jedoch nach einiger Erfahrung vom Heiler beurteilt werden. Es kommt immer darauf an, zwei Bereiche in der Beurteilung zusammenzufassen, die Einfühlungsgabe, die Wahrnehmung oder auch Messung der kommunizierenden Felder sowie das Wissen um die Bedeutung der Ungereimtheiten. Einfühlungsgabe kann ich Ihnen nicht vermitteln, wohl aber das, was zu erwarten ist, wenn einzelne Chakren aus der Ordnung fallen.

Wenn ich im nachstehenden Text die Elemente benenne, die bei einem fehlenden Dialog zweier Chakren auftreten, so sind das nur die Hauptgründe. Einzig in der Summe aller Qualitäten im System kann die Aussage präzisiert werden.

KOMMUNIKATIONSSTÖRUNGEN ZWISCHEN ZWEI CHAKREN

Messung der Chakren-Polaritäten:

1. und 4. Chakra

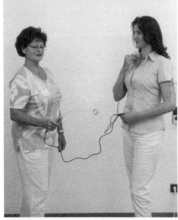

2. und 5. Chakra

WURZELCHAKRA/SAKRALCHAKRA

Prinzip: Der Wille zur Vergangenheitsbewältigung ist blockiert.

Körperebene: Entgiftung schwach, Rheuma, Nieren/Blase und Dickdarm können krank werden. Probleme der Sexualorgane, in einigen Fällen hemmungsloser Sex, triebgesteuert.

Im Psychischen: Ordinär, ungepflegt, sich gehen lassen, es fehlt die Kraft oder der Wille, zu unterscheiden in den Polaritäten brauchbar/unbrauchbar, gut/schlecht und dergleichen, Mangel an Rechtschaffenheit.

WURZELCHAKRA/MILZCHAKRA

Prinzip: Es fehlt der Wille, Eindrücke zu verdauen oder zu verarbeiten.

Körperebene: Trägheit im Darm. Leber, Galle, Milz und Bauchspeicheldrüse können in Unterfunktion geraten. Enzymmangel und Nahrungsunverträglichkeiten können auftreten. Muskelschwäche.

Im Psychischen: Es fehlt der Wille, das eigene Karma aufzuarbeiten. Gefühlsmäßige Intuition fehlt. Schwäche anderen Menschen gegenüber, keine Durchsetzungskraft, zum Spielball anderer werden. Betrogen werden, Pessimismus, Unbefriedigtsein, Arbeitsunlust. Kritisch, wenn das HALS- oder/und STIRNCHAKRA gleichfalls Ablehnung zeigt.

WURZELCHAKRA/HERZCHAKRA

Prinzip: Der Wille zur Selbstheilung ist gebrochen. Der Körper ist in Gefahr.

Körperebene: Herzschwäche, Zellregeneration und Immunsystem schwach, Durchblutungsstörungen hauptsächlich in den Beinen.
Im Psychischen: »Für andere da sein« ist schwach ausgeprägt. Mitgefühl, Freundlichkeit, Güte und Harmonie, Liebe und Warmherzigkeit können nicht gelebt werden. Geringes Triebleben, seelische Zermürbung, negative Einstellung.

WURZELCHAKRA/HALSCHAKRA

Prinzip: Der Wille zu lernen und zum Ausgleich ist nicht vorhanden.
Körperebene: Lunge, Bronchien, Knochen, Sehnen und Bänder sind das Resonanzspektrum zur Schwäche. Schwache Schilddrüse, Kalziumhaushalt gestört, Lymphstau. Meridiansystem in der Polarität unausgeglichen, dadurch psychosomatische Erkrankungen.
Im Psychischen: Es fehlt der Wille zur Handlung und daran, an sich zu arbeiten. Flucht und Trennung wird als beste Lösung angesehen. Die anderen haben Schuld.

WURZELCHAKRA/STIRNCHAKRA

Prinzip: Denkfaulheit, Sturheit, schwache Nerven.
Körperebene: Alle fünf Sinne gefährdet. Neigung zur Vergesslichkeit und Depression, Schlafstörungen, wahrscheinlicher Grund: Schwäche in den Hirnanhangsdrüsen.
Im Psychischen: Selbsttäuschungen, Misstrauen, Schwerfälligkeit, aussichtslose Pläne, stumpfsinnig, unnachgiebig, nicht lernen wollen, Vergesslichkeit.

WURZELCHAKRA/SCHEITELCHAKRA

Prinzip: Der gesamte Organismus ist schwach.
Körperebene: Hauptgrund für Degenerationskrankheiten, auch im Gehirn.
Im Psychischen: Selbstaufgabe, Glaube und Gottvertrauen schwach. Wenn ein weiteres Chakra mit belastet ist, entsteht der »austherapierte« Mensch.

■ ■ ■ ■ ■ ■

SAKRALCHAKRA/MILZCHAKRA

Prinzip: Alle Eindrücke und das Leben werden zur Last.
Körperebene: Verdauungsstörungen, Stoffwechselprobleme, Übersäuerung, Neigung zu Ablagerungen.
Im Psychischen: Angst vor Problembewältigung, »Sauersein«, in der Vergangenheit leben, Geiz, Angst vor Unterdrückung.

SAKRALCHAKRA/HERZCHAKRA

Prinzip: Lieblose und herzlose Erlebnisse werden nicht verarbeitet.
Körperebene: Ablagerungen im Adersystem, unsauberes Blut, Neigung zu Stoffwechselstörungen in der Zelle. Übersäuerung, Neigung zu Rheuma.
Im Psychischen: Nachtragendsein, Ablehnung von Sexualität, Hemmungen im Liebesleben, Eifersucht, Unbefriedigtsein.

SAKRALCHAKRA/HALSCHAKRA

Prinzip: Nicht von der Vergangenheit lernen, Einseitigkeit führt in die Angst.
Körperebene: Allergie, Muskellähmung, starke psychosomatische Reaktionen. Grundformel für gesetzmäßig ablaufende Erkrankungen.
Im Psychischen: Unzufriedenheit, Reizbarkeit, Unfallneigung, Nachteile durch Energiemangel, Arbeitsunlust, falsches Rechtsempfinden, Handlungsunfähigkeit.

SAKRALCHAKRA/STIRNCHAKRA

Prinzip: Fehlurteile, keinen Standpunkt haben.
Körperebene: Ischialgie, Nervenreizung, Migräne.
Im Psychischen: Ausweglosigkeit, partnerschaftliche Schwierigkeiten, Stimmungsanfälligkeit, mangelnde Objektivität, Planlosigkeit, Beeinflussbarkeit.

SAKRALCHAKRA/SCHEITELCHAKRA

Prinzip: Angst vor der Vergangenheit, Angst vor Strafe/Karma.
Körperebene: Entgleisungen der Körperchemie, Mangelerscheinungen, Nierenkrankheit, Fehlgeburt, Selbstvergiftung, Dickdarmerkrankung, Erbkrankheiten.
Im Psychischen: Flucht in die Krankheit, Schwarzseherei, Abhängigkeit, Irrglaube, Neigung zu niederem Spiritismus, Selbsttäuschungen.

■ ■ ■ ■ ■ ■

MILZCHAKRA/HERZCHAKRA

Prinzip: Auflehnung, innere Konflikte.
Körperebene: Organspezifische Drüsenabsonderungen werden fehlgeleitet von der Leber und/oder Galle, Bauchspeicheldrüse, Magen. Der »schwache« Kranke. Energiemangel, schwaches Immunsystem, Zellregeneration mangelhaft. Enttäuschungen, krank durch seelisches Leid.
Im Psychischen: schwache Zellfunktion, Zellregeneration/Heilungskräfte schwach. Neigung zu Diabetes, Leberzirrhose, Gallensteine, Zellentartungen.

MILZCHAKRA/HALSCHAKRA

Prinzip: Eindrücke nicht verarbeiten können, Unterscheidungsschwäche.
Körperebene: Schilddrüsenprobleme, Magenübersäuerung, Wasseransammlungen in der Zelle, Fehlsteuerung der Körpertemperatur – frieren, schwitzen. Dickenwachstum.
Im Psychischen: Sein und Schein nicht auseinanderhalten können, exzentrische Handlungen, Fehlschläge durch Zersplitterung. Mangel an seelischem Gleichgewicht, fehlgeleitete Energie, einseitige Schwärmerei.

MILZCHAKRA/STIRNCHAKRA

Prinzip: Fehlurteile, Unklarheit, Sinnestäuschungen.
Körperebene: Schwache Nerven im Oberbauch und Kopf, Lähmungen, Trübung der Sinne, Ausfälle des »Trafos«, Migräne, Rückenschmerzen.

Im Psychischen: Empfindungsverlust, Selbsttäuschungen, widerspruchsvolles Wesen, Schwerfälligkeit, Konzentrationsmangel, aussichtslose Pläne.

MILZCHAKRA/SCHEITELCHAKRA

Prinzip: Probleme mit der Schöpfung, z. B. strafender Gott.
Körperebene: Störungen im Endokrinum, Krankheiten, die scheinbar keinen Verursacher haben, Fehldiagnosen, hormonell bedingte Krankheiten.
Im Psychischen: Irrwege der Liebe, negative Wesenszüge, Hang zu Genussgiften, Suchtgefahr, das eigene Karma nicht annehmen, Angst vor der Zukunft.

■ ■ ■ ■ ■ ■

HERZCHAKRA/HALSCHAKRA

Prinzip: Starke und schwer zu beherrschende Spannungen im Gefühlsleben.
Körperebene: Allergie, starke psychosomatische Reaktion. Schilddrüsenerkrankung, Probleme mit Zähnen und Rachenraum. Nackenverspannungen. Störungen des Blutdrucks.
Im Psychischen: Eigenwillige Veranlagungen, seltsame Neigungen, Empfindlichkeit, Unrast, Enttäuschungen, Angstzustände, überspanntes Gefühlsleben.

HERZCHAKRA/STIRNCHAKRA

Prinzip: Falsche Gedanken über Liebe und Herzensangelegenheiten.
Körperebene: Das Gehirn und alle Sinnesorgane sind gefährdet. Nervöse Herzstörungen, Neuralgie. Durchblutungsstörungen im Kopf.
Im Psychischen: Empfindlichkeit, Traurigkeit, Mangel an Takt, gestörter Schönheitssinn, Neigung zur Verschwendung, geringes Zielbewusstsein.

HERZCHAKRA/SCHEITELCHAKRA

Prinzip: Falsche Glaubenssätze, Probleme mit der Schöpfung.
Körperebene: Drüsenerkrankungen, Hormonstörungen. Die »schwache« Zelle, Krankheit durch seelisches Leid, Hang zu Genussgiften, schlechtes Blut, Geschwülste, Erbkrankheiten.
Im Psychischen: Stimmungsabhängigkeit, seelische Zermürbung, »Märtyrer der eigenen Idee«.

■ ■ ■ ■ ■

HALSCHAKRA/STIRNCHAKRA

Prinzip: Zeiten der Kraftlosigkeit und Schwäche, handlungsunfähig.
Körperebene: Verletzungsrisiko, Schulter- und Nackenschmerzen, Heiserkeit, Zahnschmerzen, Trigeminusneuralgie, Gleichgewichtsstörungen.

Im Psychischen: Mangel an Ausgeglichenheit, Launenhaftigkeit, Eigenwilligkeit, exzentrische Handlungen, Widerspruch im Wesen, unüberlegte Handlungen.

HALSCHAKRA/SCHEITELCHAKRA

Prinzip: Gespanntes Seelenleben. Schwanken zwischen Aggression und Depression.
Körperebene: Schilddrüsenfunktionsstörungen, Atemstörungen, gestörtes Meridiansystem.
Im Psychischen: Friedensstörer, Unfallneigung, Tragik im Erleben, Freudlosigkeit, sich der höheren Gewalt aussetzen, Überheblichkeit.

■ ■ ■ ■ ■ ■

STIRNCHAKRA/SCHEITELCHAKRA

Prinzip: Selbstüberschätzung, dadurch Nachteile, Ablehnung des Göttlichen.
Körperebene: Lähmungen, schwache Heilung, Nervenkrise, Epilepsie, Gehirnerkrankung.
Im Psychischen: Körperliche Eingriffe mit seelischen Folgen, Selbsterhaltungskrise, verworrene Zustände, psychische Erkrankungen, tragische Zustände.

■ ■ ■ ■ ■ ■

Wenn ich bei der Kommunikationsstörung der Chakren auf den vorliegenden Seiten so viele negative Eigenschaften benenne, sind das die Einseitigkeiten von zuviel oder zuwenig, von Dafür oder Dagegen, die menschliche Eigenschaften so erscheinen lassen. Die Seele, aus der Einheit kommend, lernt über die Polarität, über die Welt der Gegensätze, die Schöpfung in der materiellen Welt verstehen. Die Polarität ist das Drama und gleichzeitig der Weg in die Erkenntnis. Nur über diese Bipolarität führt der Weg in die Einheit, vom ersten Eintritt bis zur Vereinigung – dem Einswerden mit Gott. Über die Einseitigkeit geht es zur Einsicht, zum Einverstandensein, zur Einswerdung. Jede Form von Leid beruht auf Mangel oder einem Zuviel an Substanzen, Stoffen oder Begriffen, Meinungen. Nur wenn alle *Zweifel* verschwinden, also Einsicht entsteht, können sich disharmonische Tendenzen auflösen.

Vom Zweifel zur Einsicht

In der allgemeinen medizinischen und psychologischen Diagnostik spielen die Chakren und besonders die Chakrenkommunikation keine Rolle. Für einen erfahrenen Geistheiler sind sie jedoch ohne Zweifel eine sehr wichtige Arbeitshypothese. In der Beratung und erst recht in der Heilung wird der verantwortungsbewusste Heiler den Sinn einer Erkrankung im Leben eines Menschen ohne spekulative Deutung erkennen. Im vollen Umfang gültig ist die Behauptung, in den Energiefeldern und besonders in den Chakren sind alle Lebensqualitäten enthalten. Sie spiegeln sich in den einzelnen Feldern und deren Verhältnis zueinander. Was gewesen ist und was ist, also Vergangenheit und Gegenwart, können mit großer Sicherheit als wertvolles Hilfsmittel zur Diagnose und Behandlung genutzt werden.

Eine unabdingbare Voraussetzung für eine sinnvolle und möglicherweise hilf- und segensreiche Heilanwendung über die Chakren ist die Befähigung des Heilers, mit diesen Energien umgehen zu können. Das eigene fast immer subjektive Verhalten muss dahingehend geschult werden, die Ängste, Leid und Not des Kranken in einem objektiven Maßstab zu verstehen. Die Praxis hat gezeigt, dass im Krankheitsbild vorwiegend die Ausfälle im Informationsaustausch der Felder als Verursacher auftreten. Jede Abweichung von der Ausgewogenheit in den verschiedenen Lebensfeldern ist ein Zuviel oder Zuwenig. Ob wir auf der Körperebene den zu hohen oder zu niedrigen Blutdruck als Beispiel nehmen oder im Psychischen die Aggression oder Depression, es ist die Welt der Gegensätze, die uns schadet oder hilft, unser Bewusstsein anzuheben. Das geschieht aus eigener Erkenntnis oder durch die Hilfe eines Lehrers oder Heilers. Immer und in jedem Fall ist Gesundheit und Zufriedenheit ein Zustand mit kleinen oder nur geringen Gegensätzen in den Lebensfeldern. Die Gegensätze im Wesen eines Menschen sind unübersehbar, wenn er leidet, und ein unschätzbarer Vorteil in der Diagnose und Heilung. Heilung und Selbsterkenntnis beruhen somit auf einem Ausgleichen der Gegensätze, niemals auf einem Ersetzen des Gegenpols.

Schließlich sei in Erinnerung gerufen, dass der verantwortungsbewusste Heiler stets versuchen wird, den Sinn einer Erkrankung im Leben eines Menschen aufzuspüren, die Einseitigkeiten zu finden. Der Sinn einer Erkrankung kann unter verschiedenen Aspekten gesehen werden. Bezogen auf die energetischen Abläufe im Chakrensystem ist jede Abweichung von der Harmonie, die man Gesundheit nennt, ein Selbstheilungsversuch. Reaktionen auf Unordnungen, die durch innere oder äußere Widerstände verursacht werden, führen zu seelisch-psychischen Regulierungsversuchen mit einer Vielfalt von Erscheinungen im Chakrensystem. Erst wenn dieser Selbstregulierungsprozess keine Wirkung zeigt, entgleist die Chakrenkommunikation mit der Folge, dass schwerwiegende psychisch-seelische Einseitigkeiten entstehen, die bis ins Körperliche durchschlagen können.

Die Praxis hat gezeigt, dass bei körperlicher Erkrankung drei wichtige *Chakrenpaare* beachtet werden sollten:

1. **Wurzelchakra/Sakralchakra** = Mangel an Vergangenheitsbewältigung, auch das Vergangene im Körper (Gift)

2. **Wurzelchakra/Herzchakra** = kein Heilungswille, Selbstaufgabe, der starre Patient

3. **Sakralchakra/Halschakra** = aus Fehlverhalten keine Lehre ziehen, Uneinsichtigkeit

Bei der Deutung sollte von der Erkenntnis ausgegangen werden, dass jede Handlung, bewusst und unbewusst, aus einer bestimmten seelischen Verfassung heraus geboren wird und jedes Ereignis eine seelische Rückwirkung hat. So kommt es nicht darauf an, dass auf bestimmte Schicksalsereignisse eingegangen wird, weil das zu Fehlprognosen führen muss, sondern dass aufgrund bestimmter Chakrenqualitäten der jeweilige seelische Zustand erkannt wird.

Wenn wir von Schicksal oder Karma sprechen, so sträubt sich der moderne Mensch, daran zu glauben. Dennoch ist es im gewissen Grade glaubhaft, wenn es sich nur um jenes Schicksal handelt, das sich aus der seelisch-psychischen Veranlagung ergibt. Dass der Charakter (nicht die Begabung) eine Schicksalsmacht ersten Ranges darstellt, kann man nicht leugnen, schon gar nicht, wenn über die inneren Zusammenhänge nachgedacht wird.

Deshalb kann man einem Heiler keinen Vorwurf machen, wenn er versucht, die Fäden aufzuzeigen, die das Schicksal mit dem Charakter verbinden. Wenn ein Heiler Menschen berät und ihnen eine echte Lebenshilfe geben will, wird er einerseits auf die Chakrendiagnostik nicht verzichten können, andererseits sollten auch Erfahrungen darüber bestehen, welche Einflüsse etwa aus Elternhaus, Milieu, Erziehung, Religion oder Moral kommen.

Ein Beispiel aus der Praxis

Bei Hannelore war Brustkrebs diagnostiziert worden, und man hatte ihr die linke Brust entfernt. Jetzt, zwei Jahre nach der Operation, kam der Krebs wieder, einige ihrer Lymphknoten waren befallen. Es hätte nun nahegelegen, sich wieder in die Hände von Ärzten zu begeben, aber sie kam zu mir aus anderen Überlegungen. Sie sagte, die Brustoperation war wahrscheinlich richtig gewesen, nur glaubte sie jetzt, nachdem sich Metastasen gebildet hatten, dass, bevor es wieder zu einer Operation kam, der Hintergrund aufgedeckt werden musste, der Verursacher des Krebses. Eine Freundin, die einen Grundkurs über Geistheilung absolviert hatte, hatte ihr dazu geraten, und so erwartete sie jetzt diese Hilfe. Es ging bei ihr nicht um Heilung, sondern um Hintergrundinformation. Sie war überzeugt, dass durch eine weitere Operation ihr Leben verlängert werden konnte, die Schulmedizin ihr aber den Verursacher des Krebses nicht nennen kann. Ihrer Meinung nach konnte ihr Krebs nur zum Stillstand gebracht werden, wenn sie wusste, was sie selbst in ihrem Leben verändern musste.

Es wäre bei einer solchen Patientin nur natürlich gewesen, wenn sie ständig über die Krebserkrankung nachgegrübelt hätte, stattdessen suchte sie den Verursacher in der eigenen Lebensführung. Sie war eine Patientin, wie jeder Heiler sie sich wünscht, eine Kranke, die mitmacht und den Sinn hinter der Erkrankung sucht.

Meine Beurteilung und Messungen der Energiefelder ergaben, sicher begünstigt durch ihre Einstellung, schnell ein klares Bild. Das Heilzentrum, das Herzchakra, war schwach, zeigte weniger als fünfzig Prozent der Normalleistung. Zwischen dem Wurzelchakra und dem Herzchakra gab es keinen Informationsaustausch. Das Prinzip hinter dieser Verbindung, der Wille zur Selbstheilung, war gebrochen. Das Sakralchakra zeigte deutliche Form- und Farbveränderungen und die Verbindung zum Heilzentrum war gestört, nicht unterbrochen wie zum Wurzelchakra, aber doch so sehr beeinträchtigt, dass dies als Mitgestalter der Heilschwäche anzusehen war. Es galt zu berücksichtigen, dass sich, wenn die Verbindung vom 2. zum 4. Chakra schwächelt, der Zellstoffwechsel in Richtung Säure verschieben kann, und bei der weiteren Analyse fand ich außerdem im Lebenskalender im vierzigsten und im achtunddreißigsten Lebensjahr schwere Turbulenzen. Die Operation war mit vierzig gewesen, also handelte es sich bei Letzterem um einen Operationsschock. Mit achtunddreißig Jahren war sie geschieden worden. Dieses Lebensjahr im Lebenskalender wies keine Verbindung zum Wurzelchakra auf und auch nicht zum Sakralchakra. Die Scheidung war der Auslöser für die Kommunikationsblockaden der beteiligten Chakren gewesen.

Die Frage war nun, warum reagierte die Seele so heftig auf eine Scheidung, denn es gibt genügend Scheidungen, die nicht zu Krebs führen. Es musste noch einen Verursacher geben, der diese heftige Reaktion auslöste. Und es gab ihn, wie der Lebenskalender im siebten Lebensjahr anzeigte. Auf meine Frage, welches Ereignis da als energetische Turbulenz sichtbar wurde, erklärte die Patientin, dass sich zu dieser Zeit ihre Eltern hatten scheiden lassen. Die Scheidung der Eltern hatte sie immer in Erinnerung behalten, und in den Jahren der eigenen Ehe hatte sie bei ihrem Mann nach den gleichen Verhaltensweisen gesucht, die zur Scheidung der Mutter von ihrem Vater geführt hatte. Sie hatte sie gefunden, und die Trennungsdramen der beiden Scheidungen hatten bei ihr ausgereicht, einen partiellen Zusammenbruch des Lebenswillens einzuleiten (Wurzelchakra-Herzchakra). Durch den zusätzlichen Kommunikationsstau vom Sakral- zum Herzchakra war das Selbsterhaltungsprogramm so geschwächt worden, dass Zellen entarten konnten.

Wenn wir uns die Belastungen von Kommunikationsblockaden der beiden Chakrenpaare 1. und 4. sowie 2. und 4. ansehen, so ist unschwer der verheerende Grad negativer Verschiebungen in der Polarität erkennbar. Die krank machende Wirkung geht von der Nichtverarbeitung der Ereignisse aus – im Lebenskalender abgelegt werden sie zu einem Dauerbrenner. Als ich ihr die Zusammenhänge der energetischen Information erklärte und sie mir bestätigte, dass sie sich die beiden Scheidungen sehr zu Herzen genommen hatte, wagte ich ihr zu sagen, dass durch *Geistiges Heilen* bei ihr eine gute Chance zur Überwindung des Krebses besteht. Ich erklärte ihr, egal wie sie sich entschied, ob zu einer weiteren OP oder nicht, dass es ihr helfen würde, die Heil- und Selbsterhaltungskräfte zu optimieren. Obwohl sie nur Informationen über den Hintergrund ihrer Krankheit gesucht hatte, willigte sie ein, als ich ihr eine Heilbehandlung über eine Chakrenregulierung anbot.

In der Behandlung wurden zunächst gemeinsam mit meinen geistigen Helfern die Turbulenzen im Lebenskalender gelöscht und dann das Chakrensystem harmonisiert. Im nachfolgenden Gespräch bat ich sie, wieder Vertrauen zu ihren Selbstheilungskräften zu fassen und in zwei Wochen zu einer Kontrolluntersuchung der Chakren zu kommen. Das Ergebnis nach zwei Wochen zeigte: Alle behandelten Chakren waren weiterhin in gutem Zustand, doch das Beste war, die Knoten, die sie regelmäßig ertastete, wurden – ihren eigenen Worten nach – immer kleiner und sie sei jetzt voller Vertrauen, dass ihre Heilkräfte es auch ohne Operation schafften. Nach drei Monaten rief sie mich an, um mir mitzuteilen, dass die letzte Untersuchung keinen Krebs mehr anzeigte.

Sicher, dies ist ein Idealfall, aber genau so sicher ist, dass wir daraus lernen können. In meiner Heilertätigkeit habe ich viele Krebskranke behandelt, und vielen gelang es nicht, den Krebs zu überwinden. Alle wollten gesund werden, aber jene, die es nicht schafften, konnten oder wollten kein Vertrauen zu ihren Selbstheilungskräften aufbauen und keine Verantwortung für sich übernehmen. Im vorliegenden Fall hatte Hannelore nach dem Verursacher gesucht, sie hatte wissen wollen: Was muss ich an meiner Lebenseinstellung verändern? Das ist Verantwortungsbewusstsein. Als sie dann merkte, dass Geistheilung helfende Wirkung zeigt, kam auch das Vertrauen. Jetzt, mit einem ausnivellierten Chakrensystem und den beiden Eigenschaften *Vertrauen und Verantwortung,* konnte ihr Körper gar nicht mehr anders: Das Problem war erkannt und wurde aufgelöst.

Der Weg in die Heilung

Einen entscheidenden Beitrag zur Heilung leistet der Heiler und Lehrer durch seine intuitive Diagnostik und wirkungsvolle Verbindung zum »unpersönlichen« Geist, der bessere Möglichkeiten besitzt, als die »persönliche« Erfahrung sie zur Verfügung stellt. Aber wenn der Patient nicht mitmacht, ist diese universelle Kraft wirkungslos.

> EIN HEILUNGSPROZESS, AN DEM BEIDE SEITEN, HEILER UND PATIENT, MITWIRKEN, KANN IN VIER SCHRITTEN BESCHRIEBEN WERDEN:
>
> 1. Mit seinem »erkennenden Bewusstsein« beschreibt der Heiler die energetische Struktur. Der Patient bekommt eine neue Information zu seinem Leiden und lernt gemeinsam mit dem Heiler, seiner Krankheit eine andere Bedeutung zu geben.
>
> 2. Der Heiler vermittelt geistige Informationen an die Seele des Patienten und nivelliert/harmonisiert die Chakren. Das seelische Bewusstsein des Patienten spürt die Vollkommenheit, erkennt das eigene Fehlverhalten und versucht, die heilende Wirkung in alle disfunktionierenden Felder einzufügen.

3. Die Seele des Patienten lernt, mit dieser geistigen Macht umzugehen, und unternimmt auf der körperlichen Ebene Schritte, um ganz konkret Regeneration und Heilung einzuleiten.

4. Im Zusammenkommen von geistiger Heilkraft und den Vorstellungen des Tagesbewusstseins gelangt der Patient in eine neue Selbstverwirklichung. Er gewinnt Vertrauen, übernimmt Verantwortung und geht in die Freiheit – frei von Leid!

Über diese vier Schritte entsteht Verständnis für die Sprache der heilenden Energie, und der Patient spürt in der Selbsterfahrung, dass sein Körper der Ausdruck des Geistes ist. Diese Erkenntnis führt in eine Gemeinsamkeit von eigener Bewusstheit und dem allumfassenden Geist der Schöpfung. Bislang begrenzte und zerstörerische Verhaltensmuster können nun aufgelöst und ersetzt werden durch eine gesündere, freudvolle Einstellung. Nach der Erkenntnis werden im Gefüge von Körper, Seele und Geist keine heftigen psychosomatischen Fehlfunktionen mehr nötig sein. Das Gute daran ist, dass die Erkenntnis machbar ist. Ein beachtlicher Teil meiner Patienten ist diesen Weg bereits gegangen und hat über die Bewusstwerdung zu einem neuen, liebevollen Lebensstil gefunden.

Es ist ziemlich wahrscheinlich, dass einige Menschen das, was hier über Geistheilung gesagt wird, als bloße idealistische Luftschlösser abtun werden. Diese Einstellung ist nur allzu verständlich. Sie ist eine Art Flucht, ein Verschließen der Augen, um nicht mit Wahrheiten konfrontiert zu werden. Tatsache ist, dass viele Menschen sich vor dem Spirituellen fürchten. Sie spüren die Kraft, die ein Leben für immer verändern und das materielle Weltbild, an das sie bisher glaubten, endgültig auflösen kann. Dennoch werden wir uns dieser außerordentlichen Kraft, die unser gesamtes Leben durchdringt, nach und nach bewusst werden. Wenn wir sie voller Freude annehmen, werden wir ihre Wirkung auf jeden Fall unmittelbar und nachprüfbar erfahren.

Geistheilung ist nicht eine vage spirituelle Metaphysik, sondern die Wirklichkeit des lebendigen Geistes, der von den unsichtbaren Ebenen aus wirkt und das Zeitliche durchstoßen und menschliches Leben verändern kann.

Vielleicht sollte noch einmal betont werden, dass mit »höheren Ebenen« keine Entfernung in vertikaler Richtung gemeint ist, denn beim Geistigen Heilen verlassen wir die Welt aus Raum und Zeit. Wenn neben dem Heiler auch der Patient erkennt, dass es sich bei der Ebene des Seins und des erweiterten spirituellen Bewusstseins um Sphären höherer Frequenz und um Wellenlängen handelt, wird ganz sanft das heilende Licht fließen.

Immer wieder werde ich gefragt, wie die Begrenzungen des Körperlichen überwunden werden können. Die einzige Antwort ist: *durch Meditation*. Hier können wir, wenn wir wollen, die Fähigkeiten des »Aufsteigens« zulassen, um jenseits der Schwerkraft und von Raum und Zeit die höheren Welten des Denkens zu erfahren. Durch Meditation beginnen wir zu verstehen, dass Imagination eine Fähigkeit von größter Bedeutung ist, mit ihr erwachen unsere außersinnlichen Fähigkeiten. In der Meditation, in der Stille höherer Frequenz, entsteht der Kontakt zu höheren Wesenheiten.

Am Anfang sollte unser vorrangiges Anliegen sein, ein stilles lauschendes Zentrum in uns selbst zu finden, denn die Transformation des eigenen Bewusstseins beginnt in uns selbst, und dafür ist keiner zu gering oder unbedeutend. Aber das ganze Ausmaß der Freude und das volle Erkennen werden in der Gruppe durch »innere Verwandtschaft« noch gesteigert. Im Gedanken- und Erfahrungsaustausch zeigt sich der lebendige Geist weitaus kreativer. Niemand hat ein Monopol auf die Wahrheit, unsere unterschiedlichen Auffassungen sind immer subjektiv, doch in der Gruppe können die verschiedenen Formen der Vision in eine einheitliche Bewegung münden.

Wenn der Suchende den Kontakt zum höheren Bewusstsein anstrebt, ist jede Offenbarung aus dem Geist ein Empfangen aus dem Kollektiven. Sobald wir lernen, in dieser Vorstellung zu leben, wird uns der unsichtbare Führer große innere Kraft verleihen und uns befähigen, die bremsende Kraft des Zweifels zu überwinden. Wie schon gesagt, in der Gemeinschaft unter Gleichgesinnten verläuft der Weg zum Licht leichter und schneller.

Immer mehr Wissenschaftler, Bewusstseinsforscher und mediale Menschen weisen darauf hin, dass Raum und Zeit etwas anderes sind, als wir es mit unseren fünf Sinnen erfahren. Einiges lässt darauf schließen, dass das menschliche Bewusstsein ein Mitgestalter der Schöpfung ist, nicht nur im eigenen Körper und durch Vererbung, sondern in einem viel größeren Ausmaß. Und wie sollte es auch anders sein? Wir bestehen aus kosmischer Energie und nutzen sie. Wir sind Bewusstsein, und Bewusstsein ist die Kraft, aus der dieses Universum entstand. Was ist also, wenn wir keine »Spätgeborenen«, keine zufälligen Passanten einer Epoche sind, was dann? Sind wir Schöpfer oder nur mit der Schöpfung verbunden? Ist das, was wir Wirklichkeit nennen, unser Wirkungsfeld, und nehmen wir an den ständigen Veränderungen, die wir selbst erschaffen, teil?

Meine Erfahrungen beim *Geistigen Heilen* haben mich zu der Erkenntnis geführt, dass Bewusstsein das verbindende Feld zwischen Mensch und Natur ist. Wenn ich es der Einfachheit halber »Geist« nenne, so meine ich damit das Kosmische oder Göttliche Bewusstsein. Wir besitzen alle einen geistigen Anteil, und über Körper und Seele lernen wir, absichtsvoll an der Schöpfung teilzunehmen. Aus meiner Sicht ist alles, was wir erfahren, was uns widerfährt oder was wir tun, das Produkt unseres lernenden Bewusstseins, und nichts anderes. Das Einzige, was uns durch unsere *Wunden* vom *Wunder* trennt, ist die mangelnde Fähigkeit, die Vollkommenheit des Geistes anzuwenden.

Das hier Gesagte wirft viele Fragen auf, und in meinen Seminaren und nach Vorträgen wurden mir immer wieder Fragen gestellt. Sie hatten meistens zum Inhalt: Was ist unsere Seele, und woher hat sie die Fähigkeit, zwischen Geist und Materie zu wirken? Meine Antworten, die teilweise medial empfangen wurden und aus meinen Heilerfahrungen stammen, möchte ich nun im nächsten Teil des Buches wiedergeben.

TEIL 2

FRAGEN UND ANTWORTEN

*»Sie sagten in einem Gespräch,
die Seelen der Menschen haben göttliche Fähigkeiten.
Können Sie das irgendwie begründen?«*

Darauf könnte ich sehr einfach antworten. Nach der christlichen Lehre sind wir Kinder Gottes. Demnach sind wir werdende Götter oder Götter im Erschaffungszustand.

Doch ich möchte es aus meiner Sichtweise anders beantworten. Sie gehen doch sicher mit mir konform, dass der menschliche Körper ein Wunderwerk der Natur ist und die bioenergetischen und chemischen Prozesse in uns kein Zufallsprodukt sind, sondern von einem Bewusstsein, das uns weitgehend unbewusst bleibt, gesteuert werden. Daraus ergibt sich nun die Frage, wann und wie hat unser Bewusstsein, unser Geist oder unsere Seele das Wissen erworben, all diese höchst effektiven und unsagbar vielschichtigen Prozesse zu beherrschen, die notwendig sind, um unseren Körper zu erhalten? All das, was unser Bewusstsein – ich nenne es aufgrund meiner Erfahrung Seele – leisten muss und kann, geht deutlich darüber hinaus, was die gesamte Wissenschaft über die Vielschichtigkeit und Lebendigkeit unseres Seins in Erfahrung bringen konnte. Somit ist jede Seele mit ihren uns unbewussten Fähigkeiten wissender als alle Wissenschaftler zusammen. Ist das nicht göttlich?

> *»Wenn Sie der Seele dieses Superbewusstsein*
> *zuordnen, stellt sich doch die Frage,*
> *woher weiß die Seele das alles?«*

Jahrelang habe ich über diese Frage nachgedacht und mit anderen Menschen darüber diskutiert, eine Antwort fand ich nicht. Erst als ich Kontakt zu meinen geistigen Führern aufnahm und ihnen die gleiche Frage stellte, eröffnete sich mir ein Weg, der zu einer allmählichen Beantwortung führte. Die Erlebnisse im Zusammenhang mit dieser Frage und die Antwort darauf, wie unsere Seele dieses Wissen erworben hat, waren für mich so überwältigend, dass ich sie jahrelang für mich behielt. Erst als ich diese Erkenntnisse erfolgreich beim Geistigen Heilen nutzte und eine Bestätigung dessen erlangte, fing ich vorsichtig an, mit anderen Heilern darüber zu sprechen. Wenn nämlich das, was ich über unsere Seele und ihre Ausbildung erfuhr, in den Grundzügen richtig ist, müssten wir das, was wir Seele oder das Unbewusste nennen, mit ganz neuen Inhalten versehen.

»Wie ich weiß, haben Sie in Ihrem Buch
GEHEIMNIS LEBENSKALENDER *über diesen*
Werdegang der Seele geschrieben.
Könnten Sie uns heute etwas darüber sagen?«

Ja, es stimmt, ich habe darüber geschrieben und dieses Thema auch in Seminaren ansatzweise angesprochen. Erst musste ich Grundkenntnisse in Psychologie, Biologie, Physik und Heilkunde erwerben, um den Ausbildungsweg der Seele einordnen und seine Bedeutung verstehen zu können. Es geht im Wesentlichen darum:

Die Seele *ist* nicht der Körper, die Seele *hat* einen Körper. Die Seele *ist* nicht das Leben, die Seele *vermittelt* das Leben. Leben ist Geist. Wenn der Körper krank ist, ist nicht die Seele krank, sie kommt höchstens mit den Bedingungen nicht klar.

Am Beginn meiner astralen Reisen zum geistigen Schulungsort wurden wir in den Grundzügen der dimensionalen Wirklichkeiten unterrichtet. So wie ich es verstehe, besteht unser Universum aus zwölf Dimensionen, die in drei Ebenen unterteilt sind. Die unterste besteht aus vier Dimensionen, dem bekannten Raum-Zeit-Kontinuum. Spiegelbildlich existiert im höheren geistigen Raum ein Abbild der materiellen Wirklichkeit. Die vier verbleibenden Dimensionen vermitteln zwischen geistigem und materiellem Raum und auch umgekehrt zwischen dem Materiellen und dem Geistigen. Diese Vermittlung zwischen beiden Existenzebenen ist dem Seelischen zugeordnet. Keine materielle Erscheinung, kein Ereignis in der physischen Welt, im Kleinsten wie im Größten, ist ohne seelische Vermittlung möglich. Alles in unserer Welt ist geistig erschaffen und seelisch bedingt.

So ist es auch mit dem »Leben«, das allein aus der Wechselwirkung der Elemente auf der materiellen Ebene nicht erklärbar ist. Das Leben ist ein komplexer Prozess, der alle drei Daseinsebenen umfasst. Die geistige Dimension des Lebens drückt sich als Selbst (Hohes Selbst) und Bewusstsein aus und manifestiert sich durch die vier Vermittlungsebenen der Seele als materielle Erscheinung.

Für sich betrachtet sind alle Ereignisse im materiellen Raum ein zufälliges Wechselspiel der Naturgesetze. Wenn wir alle Erscheinungen in unserer Wirklichkeit naturwissenschaftlich begründen, führt das dazu, dass viele grundsätzliche Fragen nicht beantwortet werden können. Was ist beispielsweise Licht, was ist Schwerkraft? Was ist Zeit, und was ist Leben? Aus meiner Sichtweise wird jedes physikalische Ereignis von geistigen Prozessen der höheren Ebenen begleitet und durch das Seelische vermittelt. Kein Elementarteilchen, kein Atom und kein molekularer Prozess bewegt sich, ohne in den höheren geistigen Dimensionen vorgezeichnet zu sein. Erst durch die Beseelung im Universum können wir Menschen uns in unserer Wirklichkeit verstehen.

> Anhand des *Schwingungsmodells*, das Sie auf der hinteren Umschlaginnenseite vorfinden, möchte ich mit einfachen Erläuterungen diesen Geistestransfer wie folgt beschreiben:

Unsere sichtbare Welt, wie wir sie verstehen, ist eine Manifestation, die Verdichtung eines Prozesses unvorstellbaren Ausmaßes, und lässt sich nur mit Begriffen wie *Unendlichkeit* und *Ewigkeit* umschreiben. Unsere Wahrnehmung über unsere körperbezogenen Sinne hat große Schwierigkeiten, etwas als wahr anzunehmen, was außerhalb dieser Wahrnehmung liegt. Erst wenn durch Vermittlung/Medialität außer- und übersinnliche Eindrücke hinzukommen, werden aus Bereichen außerhalb der physischen Welt Wirklichkeiten.

Bei der Beschreibung des Schöpfungsprozesses gehe ich, so wie es mir *astral-medial* zu verstehen gegeben wurde, davon aus, dass die geistige Dimension, die wir Gott oder das kosmische Bewusstsein nennen, in allen Bereichen unendlich schnell schwingt. Diese unendlich schnelle Schwingung ist durchaus akzeptierbar, erklärt sie doch das Ewige Jetzt. Unendlich schnelle Schwingung hebt den Begriff Ewigkeit auf und wird zur reinen Gegenwart. Darüber hinaus können durch das »unendlich Schnelle« alle Dimensionen als Einheit verstanden werden. Somit ist das kosmische Bewusstsein *Gott das Alleinige und nicht das Unendliche.*

Auf der Zeichnung unter STUFE EINS haben wir das *absolute Einssein* (Gott/kosmisches Bewusstsein). Aus dieser Einheit werden nach universellen Gesetzen alle Ideen der Schöpfung in wahrnehmbare Schwingung transformiert und auf STUFE ZWEI (Medialität) *von der Seele in das energetische Universum vermittelt.* STUFE DREI zeigt die Berührungspunkte *von Energie und Materie* (4. Aggregatzustand) – sie kann auf der Vermittlungsebene des Lebens als Psychosomatik verstanden werden. Wichtig ist zu verstehen, dass der ständige Zufluss aus dem *Geist* zu den tieferen Ebenen der Verdichtung in der »Wirklichkeit« Reflexionen auslöst, die nach dem *Gesetz der Obertöne* zur unendlich schnellen Schwingung zurücktransformiert werden. Es besteht ein Kreislauf von der Idee zur Wirkung, vom Geist zur Materie und zurück mit Informationen über all das Erwirkte. Einfach ausgedrückt: »Gott sieht und erfährt alles.«

AUS MEINEN ERFAHRUNGEN BEIM GEISTIGEN HEILEN MÖCHTE ICH EINIGE BEISPIELE NENNEN, WIE DIE SCHÖPFUNG NACH DIESEM MODELL FÜR UNS MENSCHEN ERKENNBAR WIRD:

---

1. Aus der unendlich schnellen Schwingung *Geist* wird bei der Transformation von Licht dies als Welle messbar und kann bei weiterer Transformation in die Materie hinein als Teilchen wahrgenommen werden. In der Geistheilung kann das als *Materialisation* verstanden werden.

2. Daraus ergibt sich, dass bestimmte zeitlose, unendlich schnelle Informationen bei der Transformation in die Verdichtung zu Materie werden.

3. Geistige Information kann Materie aufschwingen lassen (Rückkopplung, Obertöne), sodass alle irdischen Wirklichkeiten zum *Geist* vermittelt werden. Dieses Prinzip kommt für bestimmte materielle Schwingungen in der Homöopathie zum Tragen (Potenzieren).

4. Vorstellung, Imagination und Gebet unterliegen dem gleichen aufschwingenden Gesetz. Gedanken, Vorstellungen und Fürbitte werden zur Aufforderung an den Geist, sie zu verwirklichen. Wünsche werden wahr, wenn sie dem Evolutionsplan, dem Kollektiv der Seelen entsprechen.

5. In ihrer höchsten und reinsten Form können geistige Informationen Materie auflösen. In der Geistheilung ist dieses Phänomen als *Entmaterialisation* bekannt.

»Sie haben beim Geistigen Heilen viele verschiedene Methoden entwickelt. Warum halten Sie das für notwendig?«

Nach vielen Jahren der Beobachtung und Bewertung von bioenergetischen und geistigen Heilanwendungen konnte eindeutig nachgewiesen werden, dass gezielter Heileinsatz dem blinden und auf Vertrauen basierenden Heilwunsch überlegen ist. Deshalb suchte und fand ich Heilübertragungen, die gezielt auf bestimmte Energiemuster einwirken. Es liegt doch auf der Hand, dass beispielsweise Regulierungen des zentralen Nervensystems ein anderes Vorgehen erfordern als die fließende Kraft Chi, die den Meridianen zugeordnet wird. Die Chakrenenergie wiederum lässt sich mit ihren Energiemustern und Feldstärken nicht mit den vorgenannten Energiesystemen vergleichen.

Ein Heiler, der die verschiedenen Energiestrukturen mit seiner außersinnlichen Begabung auseinanderhalten kann, wird sich somit auf die Felder konzentrieren, die ein Defizit anzeigen. Die Überlegenheit einer gezielten Heilmethode besteht genau darin, denn eine Fokussierung der Gedanken auf ein bestimmtes Feld lässt eine deutliche Konzentration der Heilenergie entstehen.

>*»Ist es denn möglich, als Heiler*
unterschiedliche Energien einzusetzen?«

Ja, jeder Heiler lernt, die verschiedensten Energiemuster einzusetzen. Die Kunst der bioenergetischen und geistigen Heilübertragung besteht darin, die in jedem Menschen vorhandenen bildenden Energien verschiedenster Art zu empfangen, zu sammeln und mit der richtigen Information zu übertragen. Begabung und Erfahrung führen im Laufe der Zeit dazu, dass sogar Frequenzen aus verschiedenen Bereichen gleichzeitig eingesetzt werden können. Betonen möchte ich, dass es nicht unser Tagesbewusstsein oder unser Intellekt ist, die heilen, sie können dem Heilstrom bestenfalls eine Richtung geben. Es ist immer unsere Seele, das mit dem Geist verbundene Unbewusste, das mit einem Spektrum von Energiemustern heilt. Die Bandbreite, die Geschwindigkeit der Übertragung und die notwendige Dichte an Information können niemals vom Tagesbewusstsein erfasst werden. Ein Geistheiler benutzt seine ihm innewohnende Intelligenz, die das Leben selbst darstellt, als Vermittler.

Wenn ich trotzdem empfehle, den Verstand im Heilstrom nicht zu benutzen, dann deshalb, weil er als Repräsentant des freien Willens jede Heilübertragung vereiteln könnte, etwa weil er etwas, das unsichtbar ist, nicht wahrhaben will, oder weil er geistige Informationen als etwas Unmögliches ansieht. Es kommt auf die richtige Aufgabenverteilung an. Der Verstand führt die Gespräche, sammelt Eindrücke und erkennt zum Beispiel: »Hier haben wir eine Magenübersäuerung.« Bestenfalls erkennt er noch den Verursacher der Übersäuerung und empfiehlt eine Heilbehandlung. Die nun folgende Vermittlung von Heilinformationen geschieht in einer anderen Dimension und kann schon wegen ihrer kompletten Andersartigkeit vom Verstand nicht erfasst werden.

Um dieses Thema nochmals zu unterstreichen, möchte ich hier eine Durchsage meines Geistführers wiedergeben: »Es ist deine Seele, die das Wunder der Heilung erkennt. Deine Seele kann die Wahrheit in der Heilung verstehen. Dein Verstand wird das bestreiten. Das bedeutet, du musst nicht bei Verstand sein, um den Geist zu verstehen.«

> *»Ist es möglich,*
> *feinstoffliche Energien falsch anzuwenden?*
> *Kann man dadurch dem Körper schaden?«*

Um es ganz deutlich zu sagen, ein Heiler darf niemals von einer falschen Anwendung oder belastender Energie ausgehen, denn würde er es tun, wäre das schwarze Magie. An anderer Stelle erklärte ich, es ist notwendig, dass ein Heiler Gedankenhygiene beim Heilen betreibt. Die durchaus positive Heilenergie des Geistes kann nur durch schädigende und zerstörerische Gedanken des Heilers von einer Heilwirkung abgehalten werden. Deshalb empfehle ich: »Sobald der Heilstrom einsetzt«, und das spürt jeder Heiler, »bringe deine Gedanken in eine absichtslose Haltung.«

Dann haben wir noch das Bewusstsein des Heilungssuchenden, das bewusste oder unbewusste Informationen annimmt oder verweigert. Das Bewusstsein aller Lebewesen ist mit einer schöpferischen Prägung ausgestattet, die auf zwei Ebenen wirkt. Da ist einerseits die *Notabwendung*, die je nach entwickelter Lebenserfahrung der Seele alles abwenden kann, was zu einer Notlage führt. Und eine weitere Fähigkeit besteht darin, Heilung anzunehmen oder Informationen abzulehnen. Das kann bewusst geschehen oder unbewusst. Bewusst wäre es eine vom Verstand und bestimmten Glaubenssätzen ausgehende Ablehnung. Die unbewusste Ebene unterliegt einer Gesetzgebung, die es ermöglicht, Heilinformationen anzunehmen oder jegliche Informationsübertragung abzulehnen. Weil ich selbst am Anfang meiner Heilertätigkeit oft Zweifel hatte, alles richtig zu machen, fragte ich des Öfteren bei der Geistigen Welt nach und bat um Erklärungen.

> »*Das Leben nimmt begierig*
> *jede Information auf,*
> *die zur Selbstregulierung führt.*«

Dieser Satz wurde mir von der Geistigen Welt mit vielen Erklärungen übermittelt. Eine der wichtigsten zusätzlichen Durchsagen zur Selbstregulation war diese: Die geistige Information zur Erschaffung und zum Erhalt des Lebens kann als Welle verstanden werden. Erst durch die Vermittlung der Seele hinein in die Materie wird die Information als Teilchen wirksam. Dieser Wandlungsprozess kann einmal als Psychosomatik verstanden werden oder als vierter Aggregatzustand der Materie, in unserem Fall als Bioplasma.

Auf diesem Weg vom Geist zur Materie unterliegt jede Information den physikalischen Gesetzen. Dadurch entstehen in der kaum vorstellbaren Informationsflut aller Wellen beträchtliche Dissonanzen, Resonanzen und Interferenzen; Übertragungsstörungen sind dabei nicht auszuschließen. Wäre nicht in jeder Information die Selbstregulation wirksam, die alle Übertragungsfehler ausgleicht, so wäre das Leben, wie wir es verstehen, nicht möglich. Es gibt zwei besondere Gefährdungsebenen, die eine Fehlinterpretation von der Seele entstehen lassen können. Es sind dies die Transformationsebenen zwischen dem *Geist* und den Energien des sichtbaren Kosmos sowie zwischen diesen Energien und der Materie auf der Skizze Nummer zwei und drei. Beide Schalt- und Transformationsfelder sind die Grundlage des Seelenvermögens. Bildlich dargestellt ist die Seele mit einem Bein fest im Geist verankert, und mit dem anderen steht sie in der materiellen Welt.

Um nochmals die Frage von vorhin, ob feinstoffliche Energien falsch angewendet werden können, aufzugreifen: Das Übertragen von geistiger Heilenergie kann nicht falsch ankommen, wenn das Tagesbewusstsein schweigt. Sollte die Information danebenliegen, wird sie nicht angenommen. Das Selbstregulierungsprinzip nimmt nur die Information an, die benötigt wird.

> *»Wie ist es zu verstehen,*
> *dass viele Heilanwendungen*
> *wirkungslos bleiben?«*

Die gerade beschriebene Selbstregulation betrifft nur den Weg vom Geist in die Materie, und auf diesem Weg herrscht die Vollkommenheit des Geistes. Was dann mit dem Leben in der Materie geschieht, unterliegt dem freien Willen und dem, was wir unter Selbsterkenntnis und Selbstverwirklichung verstehen. Ernährt ein Mensch sich beispielsweise falsch oder verstößt er grob gegen die Lebenserhaltung, so wird er krank. Die Vollkommenheit des Geistes schützt nicht vor Willkür, Unwissenheit oder der Verletzung von Lebensgrundlagen.

Betrachten wir das *Schwingungsmodell* auf der hinteren Umschlaginnenseite, dann haben wir im oberen Informationsfluss von rechts nach links die Selbstregulation, die Vollkommenheit des Geistes. Im unteren Feld sehen wir von links nach rechts die Rückkopplung, das Aufschwingen aller Verwirklichungen im materiellen und energetischen Raum.

Unser Körperbewusstsein mit Immunsystem, Zellregeneration und Heilung korrigiert für uns unbewusst den weitaus größten Teil von Erkrankungen unserer materiellen Existenz. Werden die Probleme jedoch zu groß und können sie aus eigener Kraft nicht mehr bewältigt werden, kann über die Rückbindung zum Geist Hilfe angefordert werden. Auch diese zusätzliche Hilfestellung läuft fast immer unbewusst ab. Ein großer Teil der geistigen Hilfe, die unsere Seele erbittet, wird in den Traumphasen geleistet.

Werden die körperlichen Ausfälle durch Unwissenheit oder grobes Fehlverhalten zu stark und gefährden sie das *Kollektiv aller Seelen,* dann entsteht das, was wir *Karma* nennen. Unser Fehlverhalten wird uns schmerzlich bewusst, und die Selbsterhaltung bricht zusammen.

Weil wir Menschen in der Selbstverwirklichung große Defizite aufweisen und unser unvollkommenes irdisches Sein als noch Lernende pflegen, entwickelte sich die Heilkunde. Wir kommen ohne Ärzte, Heiler und Lehrer nicht aus, zu groß ist noch unsere Unwissenheit. Der Hintergrund ist folgender: Was wir mit unserem Denken und Handeln selbst verschuldet haben, müssen wir auch selbst korrigieren. Die Schwierigkeiten, die wir in der Verwirklichung des Lebens in der Materie haben, sind der göttlichen Schöpfung bekannt, und deshalb bekommen wir bis zu einem bestimmten Grad jede erdenkliche Hilfe. Dies geschieht vom Geist her und, wenn nötig, durch Lehrer,

Ärzte und Heiler. Wenn trotzdem jede Hilfe versagt und der Mensch krank bleibt, kann das viele Gründe haben. Meistens ist der Verursacher von Not und Krankheit jedoch Unwissenheit.

1. Die Seele des Kranken kommt mit den Bedingungen nicht klar und befindet sich noch in dem Lernprozess, Informationen für die Selbstregulation anzunehmen.

2. Es gibt auch Seelen, die jede Hilfe verweigern und stur ihre Selbstverwirklichung allein bewältigen wollen. (In beiden Fällen wird eine Hilfe erst dann wirksam, wenn durch Erfahrung Bewusstseinserweiterung erfolgt und neue Glaubenssätze entstehen.)

3. Ein kleiner Teil notleidender Seelen lebt ein Forschungsprogramm, das Leben im Körper mit seinen verschiedenen Strukturen, Stoffwechselprozessen und steuernden Feldern zu verbessern. Änderungen in vielen Bereichen werden durchgeführt und ausprobiert. Hierzu gehört auch die Anpassung an die Umwelt oder der Versuch, die Lebensbedingungen durch Mutation zu verbessern.

4. Ein weiterer kleiner Teil lebt mit schicksalhaften Fehlfunktionen, angeborenen Fehlern und teilweiser Zerstörung des Körpers durch Unfall oder Operationen sowie erworbenen Krankheiten. Hier könnte die Meinung entstehen, diese Menschen haben ein belastendes *Karma*.

Untersuchungen von Heilanwendungen haben gezeigt, dass es eine *Dreiteilung* gibt. Ein Drittel der Menschen spricht gut auf Geistheilung an und kann geheilt werden. Ein weiteres Drittel ist schwerer erreichbar, und die Heilung zieht sich über einen längeren Zeitraum hin. Zum letzten Drittel gehören die Kranken, die einer der vier Gruppen zugeordnet werden können. Werden die Hintergründe der Heilresistenz aufgedeckt, besteht für das letzte Drittel durchaus Hoffnung, zumindest eine Linderung zu erreichen.

> *»Hat das, was Sie in Ihrem Buch*
> GEHEIMNIS LEBENSKALENDER *über die*
> *Ausbildung der Seele schreiben, dazu beigetragen,*
> *das Geistige Heilen besser zu verstehen*
> *und zu nutzen?«*

Auf jeden Fall. An erster Stelle möchte ich die Erkenntnis nennen, dass unsere Seele ein unvorstellbar großes Wissen und auch Können hat. Sie trägt das Leben aus dem Geist in die Wirklichkeit. Unser Dasein wird möglich durch die Vermittlertätigkeit der Seele. Wir sind »da« im Sein, wobei Sein im Sinne von Geist zu verstehen ist. Durch die Vermittlung der Seele können wir unser Leben erwirken, unsere Wirklichkeit erschaffen. Alle drei Ebenen – Körper, Seele, Geist – sind autark und haben ihr eigenes Bewusstseinsfeld, sie bedingen einander aber gegenseitig. Unser Tagesbewusstsein, unser Denken und die daraus entstehenden Handlungen lassen das entstehen, was wir den freien

Willen nennen. Ein freier Wille nach dem Motto: Der Mensch hat zwar einen freien Willen, aber er kann nicht alles tun, was er will.

Die Grenzen setzen auf der physischen Ebene die Naturgesetze und das Kollektiv. Die Seele begrenzt unsere Absichten durch die in unserem Hohen Selbst = Geistseele (der Teil der Seele, der im Geist verankert ist) festgelegten Entwicklungen, die wieder im Einklang mit dem göttlich-geistigen Schöpfungsplan zu verstehen sind. Alle drei Ebenen – Körper, Seele und Geist – erwirken gemeinsam das, was wir die Evolution nennen, im Einzelnen wie auch im Kollektiven. Nach meiner Erfahrung liegt der schwierigste Part dieser Trinität bei der Seele, im Vermitteln zwischen Geist und Materie. Wenn diese Vermittlung auch nur im Geringsten schwächelt, entstehen all die Dinge, die irgendwie und irgendwann in eine Notlage führen. Damit wir nicht in der Not untergehen, ist im gesamten Regulierungssystem Körper-Seele die Notabwendung als Grundlage vorhanden. Diese Notabwendung steht noch *vor* der Heilung, sie ist das wichtigste Erhaltungssystem des Lebens und ebenfalls in vielschichtiger Weise in unserem Körper vorhanden. An erster Stelle möchte ich hier die körpereigene Reparatur der Gene nennen.

Wir als Heiler mit unserer Informationsübertragung stimulieren immer die Selbstregulierung des Kranken. Wenn wir dabei voller Vertrauen auf die der Seele innewohnenden Fähigkeiten setzen, wird diese das Notwendige unternehmen. Mein Geistführer sagte einmal während einer Heilung: »Unternimm zuerst das Notwendige, dann das Mögliche und, wenn nötig, mit dem Geist das Unmögliche.«

> *»Wenn Sie als Heiler so viel Vertrauen*
> *in die Fähigkeiten der Seele setzen,*
> *können Sie mir dann erklären,*
> *wie und wann die Seele diese erworben hat?«*

Im Laufe meiner Heilertätigkeit habe ich sehr viel über die Fähigkeiten erfahren, die der Seele – besser gesagt, dem Leben – innewohnen. Die wichtigsten Erkenntnisse gewann ich aber während mehrerer Astralreisen durch außersinnliche Wahrnehmung; ich nannte sie einmal Astralprojektionen. Wenn Sie mögen, berichte ich darüber.

> *»Sehr gern und, wenn ich bitten darf,*
> *in möglichst ausführlicher Form.«*

Bei einem dieser Schulungsprogramme wurde uns mit allen Details die Entwicklung einer Seele in Bildern, Erklärungen und inspirativer Anteilnahme demonstriert. Die Seele als Vermittler, man könnte auch Dolmetscher sagen, wirkt zwischen zwei Welten – Geist und Materie, Diesseits und Jenseits –, sie ist das Bindeglied zwischen der Einheit Gottes und der Vielzahl seiner Schöpfung. Das ganze physische Universum, die Materie und Energie, das gesamte Raum-Zeit-Kontinuum, entsteht und wird erhalten durch das Spektrum aller Seelen. Wir können auch Welten der Seele oder Weltseele dazu sagen. Bei den Vermittlungen, die durchaus ein schöpferischer Prozess sind, gibt es kollektive und individuelle Ausrichtungen.

Die menschliche Seele als Individualseele durchläuft ein ganz spezielles Lernprogramm, bis sie in der Lage ist, in einem menschlichen Körper alle Aufgaben zu übernehmen. Die Entwicklung dahin geht über *sieben Grundstufen*, wobei jede Stufe in kleinere Unterstufen aufgeteilt ist:

1. die subatomare Welt der Elementarteilchen und alle Energieebenen wie Gravitation, Magnetismus, Elektrizität, das elektromagnetische Spektrum und die Welt der ungeladenen und geladenen Teilchen sowie die Gesetze der Atome;

2. die Materie, Atome, Moleküle – die physikalische Chemie und die Kristallisation einschließlich aller informativen Speicherkräfte der materiellen Strukturen;

3. das Lebendige in der materiellen Welt, angefangen bei Viren, Bakterien, Pilzen, und das gesamte Feld der Mikroorganismen der einfachen Einzeller;

4. die verschiedenen Zellen mit unterschiedlichen Aufgaben, bei den Pflanzen mit der Fotosynthese und vom Einzeller zum Zellverbund;

5. den Zellverbund mit unterschiedlichen Zellfunktionen der Organe, von niederen bis höheren Organismen;

6. das sich selbst erkennende Bewusstsein, das sich noch im vollen Umfang in der Lernphase und Ausbildung befindet;

7. ein spezielles Lehrprogramm wird der Zeit als vierte Dimension gewidmet.

Für mich waren die astralen Erlebnisse anfangs nicht überzeugend genug, um aus ihnen etwas Wertvolles abzuleiten. Jahre später, als ich die Chakren eines Menschen diagnostisch erfassen lernte und gleichzeitig weitere Erklärungen von meinem Geistführer erhielt, entwickelte ich ein Verständnis für sie. Besonders weil ich ihnen eine Diagnose- und Heilstrategie entnahm, bekamen meine außersinnlichen Erlebnisse Bedeutung. Das Erstaunliche an diesen auf der astralen Ebene gesammelten Eindrücken ist, dass sie in meiner Erinnerung noch so präsent sind, als wäre es erst gestern geschehen.

Das Ganze begann mit einer Art Filmvorführung über die ersten Schritte der Seele in der Vermittlung zwischen dem allumfassenden Bewusstsein des Geistes und der physischen Welt. Die Seele lernt als Erstes, geistige Informationen in Bewegungsabläufe der kleinsten Bausteine der Materie zu transformieren. Feinste Lichtstrahlen unterschiedlichster Intensität und Farbe wurden mir in der Dokumentation gezeigt, mit der Erklärung, dass der höchste Schwierigkeitsgrad darin besteht, die Information an die vorhandenen Gesetze der Welt der Erscheinungsformen anzupassen. Raum, Zeit und temperaturbedingte Schwingungsmuster müssen aufeinander abgestimmt werden.

Dieser Lernprozess der Koordinierung der kleinsten geladenen und ungeladenen Bausteine der Materie und die dabei zu erfassenden Gesetzmäßigkeiten sind, so wurde uns mitgeteilt, nach unserer Zeitempfindung einer der längsten Abschnitte, die die Seele in ihrer Entwicklung durchmacht. Gleichzeitig muss die Seele Reflexe ihrer Wirkung aus der physischen Welt empfangen und dem Geist zuleiten. Diese aus dem Grundmuster des Materiellen aufstrebenden Reflexe sind vergleichbar mit den Obertönen der Musik. Im Allgemeinen ist zu sagen: Jede Transformation der Seele aus dem Geiste zum Mikrokosmos oder zum Makrokosmos, zum Kleinsten oder Größten, läuft immer über informative Energie. Diese geistige Energie trägt die Information in die materielle Welt. Davon betroffen sind auch alle Arten von Energien, die im physischen Universum vorkommen. Somit lernt die Seele bei ihrer Vermittlung alle energetischen, physikalischen Gesetze in ihren Wirkungsweisen zu verstehen und kann diese später in allen Lebensbedingungen nutzen.

Nach dieser ersten Phase beginnt dann ein Schulungsprogramm für alle Individualseelen, um den Aufbau der Atome und die Gesetzmäßigkeiten der Teilchen zu verstehen und mit geistigen Kräften alle Bewegungen der einzelnen Bausteine mit ihren Gesetzmäßigkeiten durchzuführen. Auch für diesen Lernprozess wurde uns eine Bilddokumentation vorgeführt, die zeigte, wie die Seelen unterschiedliche Lichterscheinungen verdichten, transformieren und atomare Wechselwirkungen steuern.

Es geht in diesem Stadium um die Nutzung und spätere Anwendung der atomaren Grundmuster im Wechselspiel mit den unterschiedlichsten Energiearten, die dem Leben als Grundlage dienen.

> *»Hat die Seele ein Gedächtnis,*
> *und wo wird ihr Wissen gespeichert?«*

Dieser erste Entwicklungsprozess der Seele wird in einem seelisch-geistigen Feld gespeichert und kann als »Programm« der informativen Wechselwirkung zwischen Geist und Materie, zwischen der schöpferischen Ideenwelt Gottes und der physischen Wirklichkeit genutzt werden. Bei uns Menschen ist dieses Feld bekannt als das Wurzelchakra. Die geistige Kraft fließt vom Scheitelchakra über die Kundalini zum Wurzelchakra, und hier im ersten Zentrum ist die erfahrene Seele nun in der Lage, die irdischen Energien zu empfangen, zu nutzen und bereitzustellen für alle anderen Felder und Muster des Lebens.

Als Heiler mit einem erkennenden Bewusstsein sind wir in der Lage, die Kraft der Seele mit ihrer Vollkommenheit und Unvollkommenheit in diesem Feld zu erkennen. Das Wurzelchakra ist der Grundstein des Lebens, der Garant für die Steuerung der Bioenergien. In hoher Vollendung ist dieses Feld in der Lage, die atomaren Strukturen zu formen und zu verändern, bis hin zur Materialisierung oder Entmaterialisierung. Für uns als Heiler ist unser eigenes Wurzelchakra im Verbund mit der Geistigen Welt und den Heilenergien der Impuls- und Energielieferant für Geistchirurgie. Verstehen Sie mich nicht falsch, nicht das Wurzelchakra erzeugt die Energie, es sammelt mit dem erworbenen Programm die Energien und leitet sie weiter.

Sollte es beim Geistigen Heilen darauf ankommen, etwas aufzulösen, beispielsweise eine Wucherung, und die

Geistige Welt stimmt zu und mein Geistführer übernimmt die Steuerung, bekomme ich immer die Aufforderung, mein Wurzelchakra zu öffnen. Das bedeutet, dass sich im untersten Feld des Chakrensystems etwa das Fünffache der Normalenergie aufbauen kann. Ganz klar muss an dieser Stelle gesagt werden, dass die Energiesteigerung nur durch geistige Hilfe entsteht. Aus dem Willen heraus konnte ich das nicht und musste lernen, die Energien zu empfangen und zu sammeln, um sie dann im Heilungsritual wieder abzugeben. Dieser Lernprozess lief für mich nicht ganz problemlos ab.

»Wie Sie erwähnten, ist dieser erste Entwicklungsprozess der Seele eine Arbeit mit Licht. Ist die Seele ein Lichtarbeiter? Oder ist das Leben selbst Licht? Oder entstand es frei nach der Schöpfungsgeschichte in der Bibel: ›Und Gott sprach, es werde Licht.‹ Können Sie mir Ihre Meinung dazu sagen?«

In vieler Hinsicht stimmt es schon, dass die Seele ein Lichtarbeiter ist, weil das Leben zu einem großen Teil die Frequenzen des Lichts nutzt. Leben ist Geist und manifestiert sich in der physischen Welt durch das Seelische. Die Seele als Vermittler nutzt unter anderem auch Lichtfrequenzen, aber nicht nur diese. Betrachten wir unser Leben, so werden wir erkennen, dass wir vom Licht leben. Die Pflanzen sind eine Lebensform, die aus Licht Biomasse aufbaut. Sie produzieren unsere Nahrung durch Fotosynthese. Selbst wenn wir Fleisch essen, haben diese Tiere doch Pflanzen gefressen. Auch das Plankton im Meer ist der Beginn einer Nahrungskette. Licht erschafft und erhält das Leben.

Neueste Forschungen zeigen außerdem, dass unsere Zellen untereinander durch Licht kommunizieren, Licht aus dem UV-Bereich, für unsere Augen unsichtbar. Das sichtbare Licht ist nur der achtzigste Teil der bekannten elektromagnetischen Wellen. Unsere Seele ist in der Lage, einen beachtlichen Teil des elektromagnetischen Spektrums außerhalb des Lichts zu nutzen. Deshalb würde ich sagen: *Leben ist Energie und Information.* Demnach wäre die Seele ein Energiewesen, weil sie neben der Nutzung des sichtbaren und unsichtbaren Lichts auch andere Energien verwaltet. Leben ist multispektral, und Licht ist ein Teil davon.

Ergänzend möchte ich sagen: Die Seele empfängt aus dem höheren Bewusstsein Informationen, und bei dieser Vermittlung wird geistige Energie in Licht umgewandelt.

Darüber hinaus vermittelt die Seele energetische Informationen und nutzt sie für den gesamten Stoffwechsel. Lebenserhaltende Informationen fließen zu den Zellen und Organen; auch die Ausscheidung und Entgiftung, die Enzyme und Hormone werden durch dieses breite Spektrum der seelischen Vermittlung gesteuert.

> *»Sie sagten, bei uns Menschen ist der elementare
> Lernprozess im Wurzelchakra gespeichert.
> Wie ist es bei anderen Lebewesen?«*

Ein bioenergetisches Informationsfeld, wie es bei uns Menschen vorhanden ist, finden wir in schwächerer Form bei vielen Lebewesen. Es taucht aber erst dann in verstärkter Form auf, wenn es um Lebewesen geht, die viele Organe und einen umfangreichen Stoffwechsel haben und über ein Energiepotenzial und Nervensystem verfügen. Dies wiederum erzeugt ein elektrostatisches Feld (Aura) und damit zwangsläufig den Ansatz einer Kundalini-Achse. Pilze, Insekten sowie alle Mikroorganismen haben kein ausgeprägtes, dem Wurzelchakra ähnliches Feld.

> *»Was folgt denn als Nächstes
> im Entwicklungsprozess der Seele?«*

Die zweite Stufe ist ein weiterer Schritt hin zum Verständnis der Materie. Hierbei geht es nun um die Strukturen, die die Atome untereinander eingehen, die chemischen Verbindungen, die molekulare Welt. Dieser Ausbildungsprozess ist ein rein energetischer, kein chemischer. Es wurde viel Wert darauf gelegt, zu zeigen und zu erklären, dass jeder chemische Prozess rein energetisch verstanden werden muss; dass jede molekulare Verbindung oder Auflösung eine Verschiebung beziehungsweise ein Austausch von Elementarteilchen oder Energieträgern ist. Die Beherrschung der Elementarteilchen wurde im ersten Ausbildungsschritt der Seele erlernt. Der nächste Schritt besteht darin, die große energetische Speicherkraft zu beherrschen, die in den physikalischen (chemischen) Verbindungen vorhanden ist. Diese molekularen Prozesse, die es zu verstehen und zu nutzen gilt, bilden die Grundlage für alle späteren Stoffwechselprozesse, die das Leben in einem Körper benötigt.

Einer der wichtigsten Lernprozesse stellt für die Seele die Beherrschung der Speichermöglichkeit und die Nutzung des Gespeicherten dar. Nach meinen Informationen lernt das seelische Bewusstsein alle Möglichkeiten kennen, geistiges Bewusstsein in die Materie zu übertragen und zu speichern. So erstaunlich es klingt, eine erfahrene Seele ist in der Lage, Ereignisse, Gegebenheiten und alle möglichen Abläufe in der Materie zu speichern und wieder abzurufen. Diese Speicherung ist bipolar. Sie ist einmal im Geiste, in den Ideen der Schöpfung vorhanden, und zum anderen wird sie in den Schwingungsmustern der subatomaren Teilchenwelt, in den Atomen und Molekülen und besonders in den Gitterstrukturen von kristallinen Substanzen, vorgenommen und abgelegt. Dabei stellt die Zeit, so wurde uns erklärt, einen Rhythmus- und Taktgeber dar.

Die auf diese Weise abgelegten rhythmischen Speicherungen bieten einer erfahrenen Seele ein Orientierungsmuster im vierdimensionalen Raum, eine raumzeitliche Wahrnehmung. Erfahrene Seelen sind somit in der Lage, Ereignisse und Gegebenheiten aus materiellen Gegenständen und der materiellen Umwelt wahrzunehmen, auch dann, wenn sie nach unserem Zeitempfinden schon weit zurückliegen. Andererseits besteht die Möglichkeit, mithilfe geistiger Helfer der jenseitigen Welt der Ideen, der Akasha-Chronik, Ereignisse zu entnehmen, weil auch dort alles gespeichert ist. Diese zweite Möglichkeit bedarf der Medialität, die erst in späteren Entwicklungen der Seele erlernt wird.

Diese beiden Orientierungsmöglichkeiten führen in eine multidimensionale Wahrnehmung und versetzen die Seele in die Lage, während der Transformation notfalls Korrekturen vorzunehmen. Korrekturen sind häufig notwendig, weil für viele Seelen der Faktor Zeit ein hoher Schwierigkeitsgrad ist. Die Zeit in der Form, wie wir sie in unserem Tagesbewusstsein leben, kennt die im Geist verbundene Seele nicht. Die Geistige Welt ist das ewige Jetzt, Vergangenheit und Zukunft entstehen erst in der Verdichtung der Materie, in unserem Raum-Zeit-Kontinuum. Für die Seele als energetisches zeitloses Wesen ist es ein langer Lernprozess, alle zeitlichen Abläufe im vierdimensionalen Raum zu beherrschen.

Der höchste Grad der Zeitbeherrschung wird erst im Stirnchakra erreicht. In der zweiten Lernphase geht es aber im Wesentlichen um das 2. Chakra, das Sakralchakra, ein Feld, in dem die Seele alle ihre molekularen Erfahrungen speichert. Von hier aus kann sie dann Programme abrufen, die den chemischen Prozessen im menschlichen Körper zugutekommen. Mit anderen Worten: Unser gesamter Stoffwechsel, die Körperchemie in allen Organen unseres Körpers, zeigen die Qualität des zweiten Lernprozesses der Seele.

Ein weiterer Schwierigkeitsgrad ist die Polarität in unserer stofflichen Welt. In der Einheit des Geistes ist die polare Weltordnung als Idee, als gesetzliche Manifestation angelegt und muss, wörtlich genommen, von der Seele in die Tat umgesetzt werden. Von lichtschnellen Bewegungen der kleinsten Teilchen über langsamere chemische Prozesse bis hin zu Speicherungen von Stoffen, alles ist abhängig von der Erfahrung der Seele, die molekulare Ebene zu beherrschen.

»Könnten Sie noch etwas näher auf die Zeit eingehen? Wenn ich Sie richtig verstanden habe, ist für unsere Welt der Erscheinungsformen die Zeit ein wichtiger Faktor.«

Die Zeit ist für unser Denken ein Problem, tun wir uns doch mit einigen die Zeit betreffenden Begriffen sehr schwer. Nehmen wir den Begriff »Ewigkeit«. Er bedeutet, dass etwas, dem wir eine Ewigkeit zuordnen, immer sein wird. Aber wie viele Jahre sind es – einhundert, tausend, Millionen, Milliarden? Oder wir sagen im Gebet: von Ewigkeit zu Ewigkeit. Diese Formulierung bedeutet aber, dass alles schon ewig ist und ewig sein wird. Eine Zeit, ein Universum ohne Anfang und ohne Ende – nicht vorstellbar. Vom Gefühl her sagen wir manchmal, die Zeit verging aber schnell, oder die Zeit verrinnt. Manchmal erklären wir auch, wenn etwas sehr lange gedauert hat: »Das hat ja eine Ewigkeit gedauert.« Obwohl wir wissen, dass alles seine Zeit braucht, haben wir doch den Eindruck, dass die Zeit kein stabiler Zustand ist. Unsere Zeitmessung sieht die Zeit wieder als einen stabilen Faktor an. Die Relativitätstheorie hingegen behauptet, je schneller wir uns bewegen, umso langsamer läuft die Zeit. Also ist die Zeit doch nicht so stabil.

Mehrmals fragte ich meinen Geistführer, wie ich die Zeit denn nun verstehen sollte, kommt es beim Geistigen Heilen doch immer wieder zu Spontanheilungen und Regulierungen im Organismus, die eindeutig in der richtigen Abfolge einer zu erwartenden Heilung ablaufen, aber in so kurzer Zeit, dass sie nicht mit dem normalen, zu erwartenden zeitlichen Heilverlauf übereinstimmen. Hier einige der Durchsagen, die ich zur Antwort bekam:

1. »Die Zeit ist ein Teil des schöpferischen Geistes.«

2. »Die Zeit ist der Stabilisator für das physische Universum.«

3. »Die Zeit ermöglicht es, dass alle Gesetzmäßigkeiten in der dreidimensionalen Welt ablaufen.«

4. »Die Zeit ist ein Taktgeber in der physischen Welt.«

5. »Wird der Stabilisator Zeit verändert, verändern sich die Gesetzmäßigkeiten in der physischen Welt.«

Spontanheilungen können so verstanden werden:

Die Zeit ist ein Teil des kreativen/schöpferischen Geistes (1.) und kann den Stabilisator Zeit verändern (2.) – dadurch werden Gesetzmäßigkeiten in der physischen Welt aufgehoben.

Die Zeit ist eine aus dem Geiste kommende aktive Kraft, durch die Informationen aus einer höheren Dimension in die sichtbare materielle Welt getragen werden können. Wenn wir das Medium Seele als eine Erscheinungsform betrachten, die sowohl in der zeitlosen Welt des Geistes als auch im Raum-Zeit-Kontinuum zu Hause ist, sind Spontanheilungen durch Zeitraffung erklärbar. Nehmen wir noch den geistigen Helfer mit hinzu, so bietet sich ein umfassendes Erklärungsmodell für das Phänomen der Zeit an.

Alle Helfer von Geistheilern, ob es sich um Engel, Ärzte aus dem Jenseits oder Geistführer handelt, wirken aus dem Geist. Auch sie sind nur Vermittler aus dem schöpferischen Geist beziehungsweise des göttlichen Bewusstseins, doch wirken sie aus einer Dimension, in der es die Zeit nicht gibt; besser gesagt, aus einem Raum im ewigen Jetzt, in dem alles sofort *ist,* ohne jeglichen Zeitverlauf. Wird das ewige Jetzt, also das Spontane, in unser stabiles Raum-Zeit-Gefüge übertragen, kann sich die Stabilität in unserer Zeit verändern. Unnatürlich schnelle Heilungen wären so erklärbar. Man könnte sagen, dass Spontanheilungen Einbrüche aus der Geistigen Welt in unser Raum-Zeit-Gefüge sind.

Alle geistigen Helfer wirken aus dem jenseitigen Zeitlosen über das Medium Seele, die in dieser Partnerschaft den Takt der vierten Dimension verändert (= 4). Durch diese Rhythmusänderung wird die Stabilität der Zeit (= 2) aufgehoben, verändert. Es kann somit zu unterschiedlichen Heilungsgeschwindigkeiten kommen, spontan, in wenigen Minuten oder in einigen Tagen. Es muss aber gesagt werden, dass das, was wir bei einer Heilung sehen, nur der kleinere sichtbare Teil ist. Eine Krankheit, ein gestörter Organismus, ist nur die Folge von unbewältigten Problemen, die die Seele hat. Oft werden alte Verletzungen, die Jahre oder mehrere Reinkarnationen zurückliegen, im Geiste aufgehoben. Auch Ängste, Schuldgefühle oder Verstrickungen aus vergangenen Zeiten, die aber in unsere Gegenwart hineinwirken, können so aufgehoben werden. Geistheilungen dieser Art sind wie eine neue Geburt, wie ein neuer Anfang.

Wenn die Seele eines Heilers mit ihren jenseitigen Helfern zeitverändernde Heilmethoden nutzt, dürfen wir nicht vergessen, dass ihr Wissen über die physikalischen Gesetzmäßigkeiten vorhanden sein muss. Deswegen ist die Ausbildung der Seele ein wichtiger Faktor, der besonders dann zum Einsatz kommt, wenn sie erkennt, dass nicht sie heilt, sondern dass sie nur ein Vermittler mit speziellen Kenntnissen ist.

»Sie sagen, die Zeit ist beim Geistigen Heilen keine feste Größe. Wie vereinbart sich das mit der wissenschaftlichen Schulmedizin?«

Dieser Herausforderung muss sich jeder Geistheiler stellen, der mit jenseitigem geistigem Bewusstsein regulierend in das Krankheitsgeschehen eingreift. Kommt es beim Geistigen Heilen zu materiell schwer erklärbaren Phänomenen, beispielsweise der Auflösung oder Bildung von Substanz, so haben wir einen sichtbaren Beweis.

Wenn ich mit Heilern und auch Ärzten über solche physischen Phänomene gesprochen habe, wurde das meistens akzeptiert. Zumindest hatte ich das Gefühl, sie kämen damit klar, auch wenn es für sie ein Wunder war. Ging es in dem Gespräch dagegen um Heilvorgänge, die in sehr kurzer Zeit eine Krankheit zum Verschwinden brachten, um eine Heilung im Unsichtbaren, dann entstand Erklärungsnot. Die Zeit als etwas Weiches, Dehnbares, Schrumpfbares oder sogar als total auflösbar zu verstehen, ist für unser Tagesbewusstsein ein Riesenproblem. Kann der Heiler zeitverändernde Methoden erfolgreich einsetzen, dann sollte er sich an den Erfolg halten und nicht über das Unerklärbare nachgrübeln.

Wenn ein Arzt oder auch ein besonders wissbegieriger Patient, mit dem der Heiler zusammenarbeitet, genau erklärt haben will, wie Spontanheilungen zu verstehen sind, steht der Heiler gewöhnlich vor einem Problem. Ich für meinen Teil behaupte dann nicht, wir werden jetzt die Zeit ausschalten, damit alles sofort geschieht. Im Gegenteil: Ich tue alles, um die Zeitmanipulation beim Heilen *nicht* erkennbar werden zu lassen. Habe ich beispielsweise einen Patienten mit einer Geschwulst und sage, wir werden diese jetzt mit geistiger Hilfe auflösen, dann wird das akzeptiert, denn das ist es ja, was er will und was auch vom Heiler erwartet wird. Sage ich aber zu einem Patienten mit einer Verstauchung im Fuß, ich werde mit Ihrem Fuß drei Monate in die Zukunft gehen, weil in drei Monaten Ihr Fuß ausgeheilt ist, und aus der Zukunft hole ich Ihren ausgeheilten Fuß dann zurück in die Gegenwart, stoße ich auf große Ablehnung. Eine Zeitmanipulation wird nicht akzeptiert.

Ein Heiler darf nur heilen, wenn er zu erkennen gibt, dass er materielle Dinge, körperliche Substanz, auch Schmerz, manipulieren kann. Gibt er zu erkennen, die Zeit zu verändern, dann erscheint sein Wirken mehr als suspekt. Somit sind Gespräche mit einem Schulmediziner über zeitverändernde Regulierungen kaum möglich, es sei denn, er erlebt mehrere Regulierungen als Augenzeuge. Ein Arzt, mit dem ich oft zusammenwirken durfte, sagte einmal: »Wenn mir jemand sagt, Kühlschränke können fliegen, dann glaube ich es nicht; wenn ich aber Kühlschränke fliegen sehe, dann muss ich es glauben.«

»Spielt die Zeit im Lernprozess der Seele immer eine Rolle?«

Die Zeit ist eine Schlüsselfunktion auf allen sechs Stufen, denn alles, was aus dem Geist der Seele vermittelt wird, muss aus der zeitlosen Gegenwart des göttlichen Bewusstseins in unser Raum-Zeit-Gefüge transformiert werden. Darüber hinaus überträgt die Seele alle Wahrnehmungen und Abläufe hiesiger Strukturen zum Geist zurück, von den unterschiedlichsten zeitlichen Abläufen in das ewige Jetzt. Das Leben selbst nutzt einen Zeitrahmen in der Entwicklung. Das ewige Jetzt wird so weit gedehnt, damit die Selbstverwirklichung im wahrsten Sinne Zeit hat, Korrekturen, Veränderungen und die Selbstorganisation vorzunehmen. In diesem Evolutionsprozess lässt sich die Schöpfung viel Zeit. Diese Anteilnahme der Seelen am Schöpfungsprozess erreicht einen weiteren Höhepunkt in der dritten Phase der Ausbildung. Nach der atomaren und molekularen Ausbildung folgt nun die Stufe des Lebens, die zellulare Ebene.

*»Ist die Ausbildung der Seele
vergleichbar mit unserem Schulklassensystem?«*

Der Gedanke liegt nahe, doch was die Seele in ihrer Ausbildung erfährt, ist um Dimensionen größer und auch völlig anders geartet. Die Seele ist ein Mitgestalter der Schöpfung in mehreren Dimensionen. Die Schulung unseres Tagesbewusstseins gilt der Familie, der Kultur, der Wissenschaft, der sichtbaren Welt und so weiter, die Seele ist ein Vertreter des Lebens, das Tagesbewusstsein bestenfalls ein Informant.

Wenden wir uns der nächsten Ebene zu.

Das erworbene Wissen und Können aus dem Bereich der Energien und der materiellen Welt wird nun von der Seele genutzt, um das Leben in physischer Form zu manifestieren. Es beginnt mit der Informationsübertragung zur Selbstorganisation als erstem Schritt. Das ist eine neue Dimension für die Seele. Es geht nicht mehr darum, energetische Funktionsmuster der Atome und Moleküle steuernd zu beherrschen, sondern das Bewusstsein des Lebens in winziger Konzentration in Molekülketten zu injizieren und diese in der anorganischen Materie zu nutzen. Es ist ein schöpferischer Akt und bedeutet, die Fähigkeit zur Selbstorganisation zu haben. Die Beseelung der Materie führt zur Eigenständigkeit, zum Lebendigen. Bewusstsein bestimmt die Materie. Schon hier beginnt für die Seele der Schritt in die kreative Freiheit der Selbstverwirklichung.

Alle aus dem Umfeld kommenden Reize, die von Energien und Stoffen ausgehen, werden in ihren Wechselwirkungen genutzt, registriert und notfalls für die eigene Bewusstwerdung der Umweltstrukturen verarbeitet. Über sehr lange Zeiträume hinweg trainiert die Seele alle möglichen physikalisch-chemischen Prozesse, die für den Aufbau und den Erhalt von Lebenskeimen in der Materie notwendig sind. Viren, Bakterien und andere winzige Einzeller sind die erste Stufe der seelischen Verwirklichung.

Je weiter der Entwicklungsprozess fortschreitet, umso komplexer werden die Aufgaben in den Zellen, bis sie *den* Standard von Zellen ergeben, der notwendig ist, um höheres Leben, Organismen, zu erschaffen. Eine hoch entwickelte Zelle, wie wir sie bei Tieren und bei uns Menschen vorfinden, muss Zehntausende molekulare Prozesse pro Sekunde beherrschen und gleichzeitig noch alle von außen kommenden Reize verarbeiten können. Nur weil die gesamte Steuerung durch Licht und andere Energien aus dem seelischen Vermögen gewährleistet wird, also mit Lichtgeschwindigkeit erfolgt, einzig und allein aus diesem Grund kann sich überhaupt Leben in der Materie verwirklichen.

Gleichzeitig lernt die Seele, alle lebensnotwendigen und lebenserhaltenden Abläufe zu speichern. Wenn ich meine Erlebnisse in der astralen Schulung richtig deute, werden zur Speicherung Flüssigkeitskristalle im Zellmilieu genutzt. Die in den Flüssigkeitskristallen abgelegten Informationen betreffen alle von außerhalb kommenden Eindrücke wie auch alle innerhalb der Zelle ablaufenden Wechselwirkungen. Die in den Flüssigkeitskristallen abgelegten oder gespeicherten Werte können durchaus wie ein aufgeladenes Programm verstanden werden. Dieses aufgeladene Programm steuert auch die DNS und alle damit verbundenen Abläufe. Die Seele lernt, mit dieser Programmierung umzugehen, doch das Programm geschrieben hat der schöpferische Geist.

Besonders ausgeprägt erreichte mich eine bildliche Dokumentation der evolutionären Entwicklung durch Mutationssprünge. Jede Seele wird darin unterwiesen, auch die kleinsten Einheiten des Lebens, die Viren, als Bausteine zur Veränderung von Erbgut einzusetzen. Die Seele lernt, Viren im zellularen Milieu zu nutzen – einfach ausgedrückt: Zellen mithilfe von Informationsmaterial der Viren zu verändern, zu reparieren (heilen) und dabei sogar Veränderungen im Erbgut vorzunehmen. Die gesamte Entwicklung des Lebens ist zielgerichtet, immer auf den Erhalt des Lebens ausgerichtet, und steuert auf eine höhere Komplexität zu.

Es ist ein gewaltiger Prozess für die Seele, an dieser Transformation vom Geist zur Materie mitzuwirken. Denn die Entwicklung von Leben ist ein schöpferisches Geschehen in Richtung höherer Komplexität, umfassender Ordnung und Einheit. Krankheiten und Krisenzustände des Lebensprozesses werden ebenfalls in diesem Entwicklungsprozess der Seele ausgesteuert, angepasst und im Bewusstsein als immunisierender Prozess abgelegt. Das Ziel dieser seelischen Entwicklung besteht darin, die Selbstorganisation des Lebens zu optimieren und die Transformation zurück zum Geist zurückzuleisten. Die im Geist abgelegten Informationsmuster des Lebens dienen dann wieder dem Leben und werden in Krisensituationen für heilende, vollständige Zustände eingesetzt. *Vom Geist kommen Informationen, zum Geist gehen Informationen.*

Die zellulare Lebendigkeit zu erlernen und zu beherrschen ist ein Höhepunkt in der seelischen Entwicklung, einerseits aufgrund der Vielfalt der Mikroorganismen, andererseits, weil es darum geht, sie dienend in das höhere Bewusstsein einer Zelle einzubinden. Uns wurde erklärt, wir könnten die Mitochondrien als Haustiere der Zelle betrachten.

*»Können Sie das ein
wenig ausführlicher beschreiben?«*

Die Zellen, aus denen alle höheren Lebewesen bestehen, sind im Laufe der Evolution durch Symbiose aus zwei Bakterienarten (winzigen Einzellern) entstanden. Wenn wir unsere menschlichen Zellen betrachten, bestehen sie aus Zellkern, Zellplasma und Zellmembran sowie den winzigen Mitochondrien (Bakterien). Diese Mitochondrien sind die Kraftwerke/Energielieferanten der Zelle. Durch Verbrennung von Zucker mithilfe des Sauerstoffs und Adrenalin produzieren sie Lebensenergie = irdische Energie.

Leben ist Symbiose, Viren, Bakterien und Zellen bedingen sich gegenseitig. Leben in der irdischen Substanz lebt vom Leben. Viren und Bakterien dienen der Zelle, und gleichzeitig bietet die Zelle den Mikroorganismen Lebensraum. Dieses Miteinander der kleinen Bausteine des Lebens trägt in sich das Bestreben, eine höhere Komplexität zu erreichen, in einer Art dienendem Prozess, energetisch und stofflich.

Unser Seelenbewusstsein, hervorgegangen aus unzähligen Lernschritten, ist jetzt im menschlichen Körper in der Lage, Billionen von Zellen in diesem Zustand des Miteinanders, in einem ausgewogenen Gleichklang zu halten.

Nahezu alle Zellen unseres Körpers sind individuelle Organismen, die für ihr Überleben eine kooperative Strategie entwickelt haben.

Dieses kollektive Zellbewusstsein, entwickelt aus der seelisch-geistigen Lebensenergie, kann nur in den irdischen, physikalisch-chemischen Prozessen Bioenergien erzeugen. Diese Bioenergien aus dem gut orientierten Zellverband eines Lebewesens können dann als Heilinformation auf andere Lebewesen übertragen werden.

Wir haben es mit bioenergetischen Prozessen zu tun, die Informationen stimulieren und von allen Lebewesen in allen Bereichen genutzt werden, von einfachen Lebensstrategien bis hin zum kollektiven Bewusstsein höherer Ebenen. Diese Ebene nenne ich das Körperbewusstsein, und sie schließt auch die Gene mit ein. Gleichzeitig bleibt das Körperbewusstsein in einem immerwährenden Informationsaustausch mit dem Geist verbunden.

»Sie nannten die Gene:
Sind diese nicht die Grundlage aller Lebewesen?
Es wird doch immer von Vererbung gesprochen
und davon, dass unsere Gene unser Schicksal
sind. Haben Sie hierzu einiges aus der
Geistigen Welt erfahren?«

Ich bin kein Zellbiologe und kann über die Physiologie der Gene keine naturwissenschaftlichen Angaben machen. Doch das, was ich bei meinen Astralprojektionen erklärt und gezeigt bekam, war alles andere als ein Determinismus.

So, wie ich es verstanden habe, sind die Gene eine Blaupause, ein molekularer Entwurf, der dem Einstieg in das Leben und dem Aufbau von Zellen, Geweben und Organen dient. Das Seelenbewusstsein nutzt dieses Programm als physischen Start, als eine Art Grundstruktur. Mit wachsendem Bewusstsein hat das Seelisch-Geistige bei zunehmender Anpassung an die Bedingungen, die die Umwelt stellt, die Möglichkeit, Veränderungen an den Genen vorzunehmen. *Das Bewusstsein formt die Materie.* Gleichzeitig ist das Bewusstsein einer Seele jedoch eingebunden in den kollektiven Plan. Die individuelle Freiheit ist begrenzt.

Während der ersten Lebensjahre im menschlichen Körper ist eine nutzbare Möglichkeit von Korrekturen im Erbmaterial gegeben. Im Laufe des Lebens kommt es dann zu weiteren schwachen Genveränderungen, wenn das Bewusstsein einer Seele starke Entfaltungen erfährt. Sie folgen hauptsächlich auf überwundene Krankheiten, die in der Lage gewesen wären, Grundlagen menschlichen Lebens im Körper zu zerstören. Mir selbst gelang es mithilfe meiner geistigen Helfer mehrmals, bei Kleinkindern angeborene Gendefekte zu korrigieren. Meine Erfahrung sagt mir aber, dass ich als Heiler das nicht einfach so tun kann, sondern eine Bestätigung aus der Geistigen Welt vorhanden sein muss, aus dem Feld des kollektiven Bewusstseins. Diese Freigabe schließt dann karmische oder schicksalhafte Manipulation aus.

Weil das Leben hier auf Erden zu jeder Zeit Anpassung nötig macht und gleichzeitig das Bestreben nach höherer Ordnung, Vielseitigkeit und Komplexität in sich trägt, ist eine Veränderung der Gene zwangsläufig zu erwarten. Ohne Genveränderung gäbe es keine Evolution und auch keine Heilung, denn vor jeder Heilung wirkt die Notabwendung, die lebendige Kraft, eine Lebensbedrohung abzuwenden durch Flucht, Kampf oder Anpassung. Doch auch diese Verhaltensweisen und Fähigkeiten mussten in der Seelenentwicklung erst erlernt werden. Nach meiner Einteilung geht es dabei um das 4. und 5. Programm:

4. die verschiedenen Zellen mit ihren unterschiedlichen Aufgaben, bei den Pflanzen mit der Fotosynthese vom Einzeller bis zum Zellverbund;

5. den Zellverbund mit den unterschiedlichen Zellfunktionen der Organe, von niederen bis höheren Organismen.

> »Sie sprechen in Ihrer Einteilung
> unter 4. und 5. von sehr unterschiedlichen
> Lebewesen. Heißt das, wir waren alle schon mal
> eine Amöbe, eine Pflanze oder ein Tier?«

Unsere Ausbildung als Individualseele bedingt, dass wir die verschiedensten Lebensformen verkörpern, schon aus der Notwendigkeit heraus, mit diesen Lebensformen umgehen zu können. Als Beispiel möchte ich hier die Pflanzen nennen. Sie sind die Grundlage aller anderen höheren Lebewesen auf dieser Welt.

Die Pflanzen bilden aus Licht Biomasse. Sie speichern kosmische Energie. Gleichzeitig bilden sie innerhalb der organischen Masse eine Vielzahl von chemischen Verbindungen, die dann neben der Energiegewinnung (Verbrennung) erst die Entwicklungsgrundlage für andere Lebensformen bieten. Die Anpassung an das Nahrungsangebot für Tier und Mensch bedingt, dass das Leben in der Lage ist, die eingefangene Energie durch die Fotosynthese der Pflanzen energetisch zu nutzen. So, wie das Leben in den Pflanzen gelernt hat, mithilfe von Energie, Lichtfotonen und durch chemische Prozesse sogenannte Biomasse zu erzeugen, hat unser Seelenbewusstsein erlernt, diesen Prozess umzukehren. Aus der Biomasse der Pflanzen und deren chemischen Verbindungen können wir auf umgekehrtem Weg Bioenergie gewinnen. *Leben lebt vom Leben, Leben ist Symbiose.*

Wir können das Leben als kooperative Entwicklung von Einzelwesen betrachten, die zusammen nach einer höheren Ordnung streben, zu der Anpassung und immerwährende Veränderung notwendig sind. Auch wenn es scheint, es gibt eine Vererbung, so ist sie doch ebenfalls dieser ständigen Veränderung unterworfen. Um sich als Seele in einem evolutionär hoch entwickelten Organismus wie dem des Menschen verwirklichen zu können, ist die Kenntnis der Lebewesen, die uns als Energielieferant dienen, unabdingbar.

Nur wenn unser Organismus den Aufbau und die Struktur der Lebewesen kennt, die unsere Nahrung sind, werden sie zu Lebensmitteln. Wenn unser Bewusstsein erlernt hat, mit bestimmten Lebensmitteln umzugehen, dann war es sicher der richtige Weg, diese selbst einmal zu verkörpern. Je besser wir die anderen Lebensformen gelebt haben, umso besser können wir sie nutzen. Dabei dürfen wir niemals vergessen, dass es bei einer solchen Betrachtung nur um die materiellen Erscheinungsformen und deren Bioenergien geht. Leben ist Geist und Information, und unsere Seele bringt sie in der Materie zur Geltung.

Dieser seelisch-geistige Prozess setzt eindeutig auf die Zelle, die so hoch entwickelt wurde, dass sie in sich das Programm für ein sehr komplexes Lebewesen speichern kann (DNS). Die auf kleinstem Raum verfügbaren Daten des Ganzen sind nicht die Gene allein, sie sind nur für das Grobe, für die Materie, zuständig. Die wahre Intelligenz des Lebens in der Zelle ist in der Resonanzfähigkeit und Speicherfähigkeit der molekularen und atomaren Materie zu finden. Es ist das Bewusstsein der Seele, welche die im ersten und zweiten Entwicklungsschritt erlernten Fähigkeiten einbringt und sie zur Speicherung und Nutzung von Leben einsetzt.

> *»Hat sich unser Bewusstsein der Seele*
> *nur aus der intelligenten Zelle entwickelt,*
> *oder gab es noch Parallelentwicklungen?«*

Mir wurden keine anderen Seiten gezeigt. Das Modell der Zelle als Grundlage irdischen Lebens ist so hervorragend und tragfähig, dass sich auf dieser Basis höhere Lebensformen entwickeln konnten. Nach dem gleichen Prinzip der Zelle, die nach höherer Ordnung und Komplexität strebt, entstanden Mehrzeller mit Organen, und durch diese Spezialisierung der Zellen bildeten sich Organfunktionen heraus, die dem Leben dienten. Sie verhalfen den Zellen zu einer höheren Kooperationskraft und Effektivität in der Gemeinschaft.

> *»Wenn ich Sie richtig verstehe,*
> *geht es im vierten und fünften Entwicklungs-*
> *stadium der Seele darum, aus dem Zellbewusstsein*
> *das Gesamtbewusstsein eines Organismus,*
> *eine effektive Einheit zu bilden?«*

Es wurde viel Wissenswertes von den Wissenschaften über die Entwicklung der Lebewesen auf der Erde, von der Urform bis zum heutigen Stand geschrieben, und fast immer geschah es, ohne das Seelenbewusstsein zu nennen. Nach meinem Dafürhalten ist die Evolution jedoch nur durch Beseelung möglich. Ohne ein schöpferisches Bewusstsein ist Leben nicht denkbar. Ich möchte das mit einigen Worten erläutern:

Leben ist Energie und Information. Jede uns bekannte Lebensform nutzt die physikalischen Strukturen, um sich selbst zu verwirklichen. Leben beherrscht somit die Energien der atomaren und molekularen Wechselwirkungen. Dieses Wissen ist uralt, schon in der Schöpfungsgeschichte der Bibel heißt es: »Macht Euch die Erde untertan« (1 Moses 28). Anders gesagt: »Geht hin, ihr Seelen, und verwirklicht euch mit euren Fähigkeiten in der Materie.« Die Entwicklung von Leben hier auf der Erde ist ein gigantisches Gemeinschaftsprojekt sämtlicher Seelen, und sie stellen ihr Wissen dem Kollektiv zur Verfügung und umgekehrt.

Alle Seelen, alle Lebewesen, bilden eine Einheit, und alle Erfahrungen der Gesamtheit kommen jeder einzelnen Seele zugute. Nur über den gemeinsamen Erfahrungsaustausch ist Wachstum und die Heilung von Seele zu Seele möglich. Alle Heiler, die ich kenne, beziehen ihre Heilinformationen aus dem Kollektivwissen oder aus dem Geist, aus dem Zentrum der Schöpfung. Aber wenn ich zwischendurch das Heilen mit anspreche, so meine ich nicht immer eine menschliche Heilertätigkeit, denn das Heilen gehört zum Leben. Jede Zelle, jeder Organismus ist ständig mit dem Kollektivbewusstsein verbunden, und aus diesem nach Vollkommenheit strebenden Verbund aller Seelen sind Heilungsinformationen abrufbar. Besonders bei der Entwicklung vom Einzeller zum Mehrzeller und dann weiter zum Einzellebewesen mit Organen ist der Kontakt zum Kollektivbewusstsein *notwendig*. Die Notabwendung, die allen Lebewesen gegeben ist, entstand aus dem Erfahrungsaustausch auf höchster Ebene der Kollektivseelen.

Dieser Entwicklungsprozess vom Einzeller zum Organismus läuft ungebrochen weiter, neue Lebewesen entstehen, weil junge Seelen nachdrängen. Andererseits mutieren Lebewesen, um effektiver zu werden, oder vergehen, weil ihre Anpassung an den Entwicklungsstrom nicht dynamisch genug war. Stillstand ist Rückgang, auch in der Evolution. Für uns Menschen sind die Entwicklung der Organe und deren Funktion noch nicht ganz abgeschlossen, aber ein anderer Entfaltungsprozess steht im Vordergrund. Meiner Einteilung nach ist es das sich selbst erkennende Bewusstsein:

6. das sich selbst erkennende Bewusstsein, das sich noch im vollen Umfang in der Lernphase und Ausbildung befindet.

»Hierzu nochmals eine Frage. Viele Heiler haben gezeigt, dass sie Pflanzen, Tiere und auch Zellkulturen mit Heilenergie beeinflussen können. Spricht beim Geistigen Heilen der Entwicklungszustand von Lebewesen denn keine Rolle?«

Leben ist Geist, alles Leben kommt aus dem Geist und ist vom Geist durchdrungen. Alle Lebewesen haben kraft ihrer Seele als Vermittler pulsierende geistige Bewusstseinskerne. Sie sind zum Teil winzig klein, kleiner als eine Zelle. Während der Entwicklung zum Mehrzeller und weiter zum kompletten Organismus entwickeln diese winzigen Einheiten komplette mächtige Energiewirbel. Bei uns Menschen sind daraus die Chakren entstanden.

Wie Sie wissen, gibt es neben den sieben Hauptchakren zahlreiche Nebenchakren, die wiederum aus kleinen und noch kleineren Feldern bestehen. Ein Lebewesen hat mehr Einzelfelder als Zellen, und alle Mini- und Makrofelder befinden sich untereinander in einem ständigen Informationsaustausch. Ist die Seele in voller Kraft und Harmonie, sind auch alle Felder mit dem Kollektivbewusstsein und darüber hinaus mit dem Geist verbunden.

Ein Heiler, der sich dieses Informationsflusses bewusst ist und sich aufgrund seiner Erfahrung in die unterschiedlichsten Energiedimensionen einklinken kann, wird jede Lebensform erreichen. Weil wir aber als Menschen den Lebenssinn in den verschiedenen Lebensformen nicht kennen, kann eine heilende oder entwicklungsbeschleunigende Kraft nur aus der schaffenden Kraft des Geistes kommen.

Für Gott ist alles möglich, für uns Menschen nicht. Es wird oft von uns Menschen versucht, in den Schöpfungsplan mit einzugreifen, aber Gutes kommt nur dann heraus, wenn es von der »Chefetage« auch so gewollt ist. Mit anderen Worten: Geistiges Heilen in den Feldern, die wir dem Überbewussten, dem seelisch-geistigen Feld zuordnen, ist nur in Übereinstimmung mit der höchsten Instanz möglich. Und damit meine ich die Energie, die im Chakrensystem pulsiert.

Anders ist es im Feld der Bioenergien, im Elektromagnetischen, in den Nerven und Meridianen. Hier ist es dem Menschen jederzeit möglich, mit seinen Energien in fremde Systeme einzudringen, denn diese elektromagnetischen Energien sind nicht das Leben, sondern werden vom Leben in der Materie genutzt.

*»Fällt darunter auch das
mentale Heilen?«*

Das ist sehr schwer zu beantworten, weil es sehr unterschiedliche Auffassungen darüber gibt, was »mentales Heilen« eigentlich ist. Einige setzen es mit der Geistheilung gleich, andere meinen, es ist so etwas wie Suggestion oder Hypnose. Meine Auffassung davon möchte ich etwas später darlegen, erst sollen Sie erfahren, was es eigentlich mit den Feldern auf sich hat, die Heilung und den Informationsaustausch zwischen den verschiedenen Lebewesen überhaupt möglich machen.

Es dauerte mehrere Milliarden Jahre, bis sich die ersten Zellen zusammenschlossen, um ein besseres Überleben zu gewährleisten. Das seelische Bewusstsein bildete in dieser Phase hoch organisierte Zellgemeinschaften. Diese mehrzelligen Organismen bündelten ihre seelische Intelligenz in einer gemeinschaftlichen Organisationsform, in der sich einzelne Zellen spezialisierten. Diese Gemeinschaften bildeten einen gemeinsamen Körper mit Organen, was die interne Informationsweitergabe begünstigte. Daraus entstanden die ersten Nervenzellen und ein Immunsystem.

Erst vor rund 700 Millionen Jahren – eine kurze Zeitspanne, wenn wir die Entwicklung des Lebens auf diesem Planeten betrachten – war das seelische Bewusstsein dann bereit, weitere Lösungen für das Leben zu finden. Die mehrzelligen Gemeinschaften entwickelten sich zu Pflanzen und Tieren. Als daraus die komplexeren Tiere entstanden, nutzten die Seelen ihre geistigen Felder, um

Zellen mit speziellen Bioenergien auszustatten. Ein Nervennetzwerk entstand, mit einem speziellen Feld: dem Gehirn.

Der nächste Schritt bestand nun darin, dass die Zellgemeinschaft über diese zentrale Steuereinheit das Verhalten aller eigenen Körperzellen kontrollieren konnte.

Machen wir jetzt einen großen Sprung und betrachten wir diese Entwicklung in uns Menschen, so werden wir die machtvolle Gestaltung der Seele erkennen. Dort, wo unsere Chakren als seelisch-geistige Felder pulsieren, finden wir gleichzeitig Nervengeflechte/Plexe, im sechsten, violetten Chakra das Gehirn und darunter Halsplexus, Herzplexus, Solarplexus, Unterleibplexus und Steißbeinplexus. Gleichzeitig finden wir in den Chakren und Plexen alle endokrinen Drüsen. Diese Trinität – Endokrinum, Plexe und Chakren – bildet die Grundlage für unser hoch entwickeltes Leben. Über diese Hauptfelder fließt der gesamte Informationsaustausch.

Die Seele mit den geistigen oder kollektiven Dimensionen wirkt über die Chakren auf die Plexe ein und erreicht dadurch das gesamte Nervensystem und das Endokrinum. Damit stehen Geist und Seele über die Bioenergien in ständiger Korrespondenz mit dem Körper, und das im Bewussten und im Unbewussten. Hierbei haben die sieben Hauptfelder (Chakren) sehr unterschiedliche Aufgaben.

Und nun möchte ich Ihre Frage beantworten:

*»Ist mentales Heilen
auch Geistheilung?«*

Das Gehirn als Sitz unseres Intellekts sammelt über die fünf Sinne Eindrücke, verarbeitet sie, steuert das willkürliche und autonome Nervensystem und ist über das Denken in der Lage, Ideen auszutauschen. Aus geistiger Sicht betrachtet, ist das Gehirn ein Instrument des Geistes. Über das 6. und 7. Chakra fließen aus dem Geist Intuition, Inspiration und außersinnliche Wahrnehmung zum Tagesbewusstsein. Weil aber der Informationsaustausch zwischen den Chakren, dem Gehirn und den Plexen in beide Richtungen geht, hat der medial begabte Mensch die Möglichkeit, aus dem Physischen über das nervlich Bedingte das kollektive und geistige Feld zu erreichen, etwa durch eine Fürbitte.

Aus dem Mentalen heraus können wir Wünsche und auch Bilder formen (Imagination/Visualisierung) und diese mit voller Absicht dem höheren Bewusstsein schicken. Wird unsere Bitte für eine Heilung angenommen und steht sie nicht im Widerspruch zum individuellen und kollektiven Karma, dann wird aus dem Geist Heilung entstehen. Mentales Heilen kann über diesen Weg als Geistheilung verstanden werden. Wird das mentale Denken nur zum Zweck der Suggestion oder Hypnose eingesetzt, ist es keine Geistheilung. Diesen Unterschied möchte ich zum besseren Verständnis skizzieren.

**Gott – Kosmisches Bewusstsein – Geist
raum- und zeitlos**

SEELE
———— bipolar ————

KÖRPERSEELE	GEISTSEELE
bewusst	unbewusst
vierdimensional	multidimensional
mental	medial
bewusst	überbewusst
Gedanken	Durchsagen
Vorstellungen	Prophetie
Imagination	kollektives
Suggestion	Wirken mit
	Geistführer oder
	Engeln
<u>individuell – persönlich</u>	<u>kollektiv – multipersönlich</u>
Hypnose	–
Überredungskunst	Intuition
Beeinflussung	Geistiges Heilen
Lehren, Überzeugen	Träumen
Leiten und Führen	Inspiration
Fürbitte	Medialität

Fragen und Antworten

Unser Seelenbewusstsein ist bipolar – ein Teil ist ständig mit dem Geist verbunden, und ein weiterer Teil belebt den Körper. Über diese beiden Vermittlungswege kann Information und Heilung zum Patienten übertragen werden. Beide Wege können einzeln, aber auch gemeinsam wirken, beispielsweise durch eine Fürbitte mit nachfolgender Geistheilung. Oder die Vorstellungskraft des Heilers fokussiert den Krankheitsherd, und der Geist heilt.

Eine weitere Gemeinsamkeit beider Dimensionen kann so aussehen: Der Heiler bekommt eine Durchsage über die Hintergründe einer Krankheit, der Verursacher wird gemieden, und Heilenergie kommt ins Fließen.

Aus meiner Sicht als Heiler mit mehr als dreißig Jahren Erfahrung möchte ich nicht versäumen, darauf hinzuweisen, wie wichtig es ist, mit der geistigen Seite unserer Seele zusammenzuarbeiten.

Es sind die uns weitgehend unbewussten Kräfte, die unseren Organismus am Leben erhalten, regenerieren und heilen. Nicht nur wir, alle Lebewesen tragen in sich eine hohe Intelligenz der lebenserhaltenden steuernden Prozesse, die alle energetisch zu verstehen sind. Wir Menschen sind fixiert auf die gesprochene und geschriebene Sprache und haben unsere Wahrnehmung der energetischen Kommunikation vernachlässigt.

Weil jede biologische Funktion verkümmert, wenn sie nicht gebraucht wird, haben wir es schwer, neben dem alles beherrschenden Intellekt an unsere lebendige Intelligenz, die uns erhält, heranzukommen.

Zweifellos hat der Mensch noch einen Rest von Feinsinn für die unbewussten Kräfte, doch muss der Zugang erarbeitet werden; und viele haben bereits den Weg zu der uns innewohnenden Weisheit des Lebens eingeschlagen und spüren, welcher Reichtum dort zu finden ist. Ich meine das nicht im rein religiösen Sinn, sondern verstehe es als eine Bewusstseinserweiterung. Wenn es uns gelingt, über die außersinnliche und übersinnliche Wahrnehmung dem Tagesbewusstsein Fakten und neue Erkenntnisse anzubieten, erleben wir die Stunde, in der Medialität einsetzt.

Heilhypnotiseure, Geistheiler und Schamanen zeigen immer wieder in außergewöhnlichen Fällen die Kraft des Geistes. In vielen Fällen übertrumpfen sie offensichtlich die etablierten »Wahrheiten«. Es ist eine Tatsache, dass die Kraft des Geistes effektiver sein kann als Medikamente.

Nur will das Wirken mit dem Geist und aus dem Geist gelernt sein. Diese machtvolle Kraft kann man nicht einfach *tun*. Der Suchende muss hineinwachsen. Es gilt zu erkennen, dass unsere erlernten Wahrnehmungen im Laufe der Evolution immer mächtiger werden und wir unsere genetisch programmierten Instinkte überwinden können. Die physiologischen Mechanismen unseres Körpers wie Herzschlag, Blutdruck und Körpertemperatur sind von Natur aus einprogrammiert. Durch Biofeedback-Methoden ist es möglich, in diese Programme einzudringen und Veränderungen durchzuführen.

Wenn wir die Geistheilung als eine sich entwickelnde Heilmethode ansehen, dann warten auf uns ungeahnte Möglichkeiten.

Fragen und Antworten

> *»Können Sie über diese Möglichkeiten
> etwas sagen? Und wie kann die Geistheilung
> für die Zukunft genutzt werden?«*

Wollen wir uns der Möglichkeiten bedienen, die das Geistige Heilen auf breiter Basis bietet, setzt das nichts weiter voraus als ein Umdenken.

In erster Linie sollte verstanden werden, dass die wahre Intelligenz nicht das Denken ist, sondern unser großartiges Bewusstsein, das unseren Körper erhält. Dieses Bewusstsein *nutzt* das Denken, ist jedoch von seiner Entwicklung her noch mit vielen anderen Überlebensmechanismen ausgestattet. Die fundamentalsten davon sind: Wachstum, Notabwendungsanpassung und Heilung. Jedes dieser drei Fundamente des Lebens weist eine ganze Palette von Fähigkeiten auf, die rein durch das Denken nicht erreicht werden können: die Regeneration unserer rund sechzig Billionen Körperzellen, das Zusammenspiel der Säfte in der Verdauung, das Entgiften und Ausscheiden, der Stoffwechsel in der Zelle, die Funktion des Immunsystems, der Enzyme und Hormone, die Heilung, die Fortpflanzung und vieles andere mehr – darin liegt die wahre Intelligenz des Lebens.

Unsere Seele, die diese uns unbewusste Arbeit weitgehend verrichtet, ist ein Multitalent. Doch sie kann noch mehr. Neben dieser Körpererhaltungsarbeit ist sie auch sehr stark für unsere Emotionen verantwortlich, für unser Gefühl. Diese beiden rein energetischen Bereiche, Denken und Gefühl, entwickeln sich und streben gemeinsam mit den anderen Lebensfunktionen einer höheren Ordnung entgegen. Das denkende Bewusstsein wächst in eine Dimension hinein, mit dem Ziel, alles erklären zu wollen, und genau darin liegt das Problem: Unser Intellekt sollte erkennen und anerkennen, dass der Geist und die Seele die Grundlage geschaffen und das Denken überhaupt erst möglich gemacht haben.

Unser Gesamtbewusstsein mit allen Lebensfunktionen in unserem Körper ist die Basis für das Denken. Wenn wir über die Möglichkeiten, die uns zurzeit gegeben sind, nachdenken und mit bewusster und unbewusster Wahrnehmung in uns hineinschauen, hineinfühlen, dann könnte so manchem die Erkenntnis dämmern, dass Heilung und der Weg zur Vollkommenheit nur im Zusammenwirken von Körper, Seele und Geist Erfolg versprechend sind.

»Es gefällt mir, wie Sie versuchen, das Leben aus Ihrer Sicht darzustellen, und die Seele in den Mittelpunkt physischer Lebendigkeit setzen. Aber welchen Nutzen bringt das?«

Sie sprechen mit dieser Frage Stufe 6 meiner Aufteilung an – *das sich selbst erkennende Bewusstsein, das sich noch im vollen Umfang in der Lernphase und Ausbildung befindet.*

Die meisten Seelen der menschlichen Rasse befinden sich zurzeit und wahrscheinlich noch auf viele Jahrhunderte, wenn nicht gar Jahrtausende, in einem Entwicklungsprozess ihres Bewusstseins, der auf der einen Seite die naturwissenschaftlichen Erkenntnisse und deren Nutzungsmöglichkeiten entfaltet und auf der anderen Seite die Selbstfindung, die Selbsterkenntnis hervorgebracht hat. Vor dem Hintergrund der Naturwissenschaften und der sich daraus entwickelnden Techniken setzt der moderne Mensch weiterhin auf seinen Intellekt und bringt seine Intelligenz und Machbarkeit zum Ausdruck. Dabei führt die Kenntnis der Naturgesetze und deren Nutzung unweigerlich in eine Katastrophe, wenn sich nicht gleichzeitig Moral, Ethik und Ästhetik entwickeln.

Wissenschaft schafft Wissen, weiter nichts. Nach dem Sinn des Lebens fragt sie nicht. Hervorgebracht vom Intellekt, trägt die Wissenschaft über die technischen Möglichkeiten geradezu einen darwinistischen Überlebenskampf aus. Durch die zermürbenden Gefechte der Stärksten und Besten untereinander wird der Planet ausgeplündert, und vielen Lebensformen wird die Grundlage ihrer Existenz genommen.

Unsere Seelen haben in ihrem Entwicklungsprozess gelernt, dass der einzige Weg in Richtung Vollkommenheit das Zusammenwirken der Arten und das Zusammenwirken der Individuen innerhalb einer Art ist. Das ist die Grundlage irdischen Lebens. Zum gegenwärtigen Zeitpunkt der Entwicklung des Menschen besteht wahrscheinlich die Hauptaufgabe darin, seinen gefühllosen Intellekt zu zähmen und seine Gier zu brechen. Aus der Illusion heraus, alles ist machbar, weil unser Intellekt uns das vorgibt, haben wir weitgehend den Blick für die Ganzheit, für die Zusammenarbeit verloren.

Intelligenz ist etwas Hervorragendes, und richtig eingesetzt, fördert sie unsere Entwicklung, aber ohne Liebe,

Moral und Ethik, ohne Blick für die Ganzheit, hemmt sie den individuellen und kollektiven Werdegang.

Als Heiler habe ich erkannt, dass der größte Teil aller Krankheiten psychosomatischer und psychosozialer Natur ist. Fehlt das Miteinander, das Füreinander, entsteht Verantwortungslosigkeit, und das wiederum lässt Vertrauenslosigkeit entstehen. Gepaart mit mangelnder Freiheit führt das geradewegs in ein persönliches Drama.

Wenn wir die Geistheilung als eine Möglichkeit betrachten, das Leben anzuheben, geht das nur im Verbund aller Lebensfunktionen und mit dem Kontakt zum höchsten Bewusstsein. So wie es der Begriff schon sagt: *Geist-Heilung,* mit dem Geist heilen.

»Gibt es für die Geistheilung noch neue Ansätze, sie verständlicher und nutzbarer zu machen?«

Da bin ich mir ganz sicher. Vor mehr als zehn Jahren gründete ich die *Schule der Geistheilung nach Horst Krohne* ®, und schon damals war ich überzeugt, dass es Möglichkeiten gibt, in die Bewusstseinsschichten vorzudringen, die für unsere Lebensqualität zuständig sind. Heute kann ich nach all dieser Zeit sagen, dass sich eine Ausbildung zum Geistheiler lohnt, denn unser Bewusstsein kann Erstaunliches erwirken.

Aber Geistheilung kann man nicht einfach tun, es ist kein Weg, der nur mit dem Verstand begangen werden kann. Geistheilung ist Liebe, positive Gedanken und Berührung.

Unter positiven Gedanken verstehe ich, ohne Wenn und Aber anzuerkennen, dass jedes in Not geratene Wesen ein auf Vollkommenheit ausgerichtetes Zellbewusstsein (= Seelenbewusstsein) hat und eine großartige Verbindung zum Geist unterhält. Berührung als dritter Begriff stellt für mich die mittelbare und unmittelbare Informationsübertragung dar. Es ist eine rein energetische Informationsvermittlung. Weil aber das Leben selbst unterschiedliche Energien nutzt, muss gelernt werden, die jeweiligen Felder zu analysieren und dann, wenn nötig, mit der richtigen Feldenergie korrigierende Informationen zu vermitteln. Heilung ist Einfühlen und Anteilnehmen und dann Mitteilen.

Das alles läuft jedoch weitgehend im Unsichtbaren ab. Es entzieht sich der normalen, auf unsere fünf Sinne angewiesenen Wahrnehmung und Beurteilung, und das wiederum macht eine gründliche Schulung der außersinnlichen Wahrnehmung und Medialität erforderlich.

In mehr als zehn Jahren wurde von mir ein Ausbildungs-Schulungsprogramm entwickelt, das erstaunliche Erkenntnisse über die Entwicklung des menschlichen Bewusstseins erbrachte und zeigte, dass in unserem Gesamtbewusstsein Fähigkeiten schlummern, die von vielen Menschen für unmöglich gehalten werden. Diese großartigen Entwicklungsmöglichkeiten treten dann zutage, wenn der Lernende mit seinem Denken akzeptiert, dass unser Unbewusstes oder unsere Seele die wahre Größe ist, die das Leben im Körper ermöglicht. Sobald der Lernende erkennt, dass es seine eigenen verborgenen Fähigkeiten sind, die das Leben im Körper aufrechterhalten, die ihn regenerieren und heilen, und dass darüber hinaus aus dem Körperlichen die Möglichkeiten geschaffen wurden, die Intelligenz des Tagesbewusstseins hervorzubringen, öffnen sich Bewusstseinsinhalte, die einen Dialog zwischen dem logisch-analytischen Denken und dem Unbewussten hervorbringen.

Der geeignete Weg geht also über die Bewusstwerdung der eigenen Fähigkeiten. So werden wir gewahr, dass wir identisch sind mit dem Leben spendenden Geist, der durch mehr als sechzig Billionen Zellen und die unterschiedlichsten Spezialisierungen die Einheit Mensch erschafft. Diese Superintelligenz, unser eigenes hohes Bewusstsein, kann in der Meditation über unsere Intuition angezapft werden. Durch das Erlernen außersinnlicher Wahrnehmung und – als Steigerung dazu – durch den Empfang von Eindrücken des Übersinnlichen, des Geistes in uns, eröffnen sich Perspektiven in der Heilkunst.

Diese Bewusstseinsentwicklung zeigt jedem Übenden, wie schwach oder sogar hilflos unser Tagesbewusstsein im Vergleich mit den unbewussten Kräften ist. Unsere Wahrnehmung über die fünf Sinne ist viel zu langsam im Verhältnis zum inneren Schöpfer. Aber unser bewusstes Denken ist ein evolutionärer Fortschritt.

Die unbewusste Körpersteuerung ist wie ein Autopilot, die bewusste Wahrnehmung mit dem Denken unsere manuelle Steuerung. Das Unbewusste kann etwa zwanzig Millionen äußere Reize in der Sekunde verarbeiten, das Tagesbewusstsein hat hingegen eine Verarbeitungsgeschwindigkeit von ungefähr vierzig Reizen.

Beide Arten der Wahrnehmung bilden zusammen mit der Regulierung ein dynamisches Duo. Wenn sie gemeinsam wirken, kann sich das Bewusste auf etwas Bestimmtes konzentrieren. Führen Sie beispielsweise ein Gespräch, kann das Unbewusste dafür sorgen, dass Sie ein Auto lenken, ohne aus »Versehen« einen Unfall zu verursachen.

Das bewusste Denken verkörpert unseren freien Willen. Die unbewussten Programme sind erprobte Steuerungen, hervorgerufen von vergangenen Ereignissen. Das Bewusste sucht Erfahrung, damit neue Verhaltensmuster entstehen, das Unbewusste ist immer präsent mit grundlegenden Verhaltensmustern. Diese beiden Arten der Lebenserhaltung bieten einen einzigartigen Vorteil im Leben. Das Unbewusste geht seinen Aufgaben nach – zu erhalten, zu regenerieren und zu heilen. Das bewusste Selbst mit dem Denken entwickelt Visionen, schmiedet Pläne für eine Zukunft in Liebe, Wohlstand und Gesundheit.

Die Teile unserer Seele, die für das Tagesbewusstsein zuständig sind, bieten in dieser Dualität die Kraftfelder evolutionärer Entwicklung. Das kleine Tagesbewusstsein bietet dem allumfassenden Bewusstsein mit Kreativität, Neugier und Forschungsdrang Entwicklungsmöglichkeiten an, alte Programme und Verhaltensweisen zu verändern. Weil das Unbewusste und das Bewusste ein Team bilden, besteht ein gesicherter Weg, bewusst in die verborgenen Felder des Lebens einzudringen. Ein klarer Beweis dafür ist die Hypnose.

*»Habe ich Sie richtig verstanden:
Unser Tagesbewusstsein, unser Denken kann mit
erlernbaren Methoden in die unbewussten Felder
der Seele eindringen und, ich möchte es einmal
so ausdrücken, Empfehlungen aussprechen?«*

Genauso ist es. Ich habe herausgefunden, dass die Erfahrung des Tagesbewusstseins über die Verarbeitung der Sinneseindrücke immer einen Einfluss auf die Entwicklung des ganzen Menschen hat. Damit sich dieser Einfluss jedoch zeigen kann, muss das Individuum auf drastische Weise auf seine Identifikation mit dem Ego verzichten. Das lärmende Ego muss absichtslos werden, damit ein Vertrauensverhältnis zur seelischen Stärke heranreift. In der meditativen Stille entwickelt sich das, was zur Medialität führt – Vermittlung spiritueller Kraft.

Diese Wechselwirkungen zwischen »bewusst« und »unbewusst« sind immer vorhanden, aber solange der Suchende nicht bereit ist, das Ego fallen zu lassen, sieht es so aus, als wären sie nicht vorhanden.

In Bezug auf das Geistige Heilen bedeutet dies: Ist der erste Kontakt zwischen »bewusst« und »unbewusst« vorhanden, besteht über das Wünschen die Möglichkeit zu einer weiteren Steigerung der Wahrnehmung in das Mysterium des Lebens hinein. Diese Entwicklungslinie vom Bewussten zum Unbewussten und weiter zum Überbewussten ist es, was ich unter Erleuchtung verstehe. Viele unserer ausgebildeten Heiler haben diesen Bewusstseinszustand erreicht und beginnen zu erkennen, dass dies nur ein Zustand ist und nicht eine höhere Stufe im Denken, ein Zustand, in dem machtvolles Denken und Handeln keine Wirkung erzielen kann. In diesem transzendenten Bewusstseinszustand kann das Wünschen ohne jegliche Absicht in eine spirituelle Physik führen.

Es ist eine Art von Bewusstheit, in der geistige Energien, die unserem physischen Körper mit seinen Bioenergien übergeordnet sind, kommen und gehen. Die Kunst, in diesem Überbewussten zu verweilen, besteht darin, sich in den unterschiedlichen Feldern zurechtzufinden. Alle drei Ebenen, Körper, Seele und Geist, durchdringen einander und bedingen sich gegenseitig und sind gleichzeitig in einem kollektiven Feld eingebunden. Gelingt es außersinnlich, in Meditation, in die sprudelnden Felder des Lebens hineinzulauschen, und gelingt es, über einen gewissen Zeitraum eine Feinabstimmung zu halten, dann darf unsere Wahrnehmung teilnehmen am Schöpfungsplan.

Damit das geschehen kann, ist, wie ich schon sagte, ein außergewöhnliches Maß an Zurückhaltung erforderlich. Sie setzt voraus, dass der Betreffende wirklich spirituell wachsen will und ernst macht mit seiner Beziehung zum Leben. Dabei geht es nicht um dieses bestimmte Leben, es muss wie ein Neuanfang in Bezug auf die Ewigkeit sein. Dahinter sollte die Absicht stehen: Ich höre auf, mit dem Leben zu spielen, ich mache jetzt ernst, was auch immer von mir verlangt wird, und ich tue, was auch immer erforderlich sein wird, um mich zu entwickeln.

»Sie sprechen von einer spirituellen Physik und übergeordneten Feldern. Wie erlebt ein medialer Mensch diese Dimensionen? Sind es nur Bilder, ähnlich wie in einem Traum, oder gibt es noch andere Eindrücke?«

Als Erstes möchte ich sagen, dass jeder Mensch in der Transzendenz ganz individuelle Wahrnehmungen hat.

Durch Gespräche mit anderen Medien habe ich herausgefunden, dass der Einstieg in die unbewussten Dimensionen des Seins sehr unterschiedliche Bilder, Gefühle und Erscheinungen hervorbringt. Diese Unterschiede verdanken sich zwei Bewusstseinsebenen. Einmal hängt es vom Bildungsstand ab und davon, wie das Gehirn mit seinem Denken außersinnliche Eindrücke beurteilt. Dabei spielen Religiosität und bestimmte Charaktereigenschaften eine wichtige Rolle. Zum anderen ist unser Unbewusstes, unsere Seele, mit ihren Talenten und ihrem Unvermögen ein ganz wichtiger Mitgestalter.

Im weiteren Verlauf entsteht bei den Meditationen und der Verarbeitung der gewonnenen Eindrücke ein Gleichklang mit anderen Meditierenden, und die Bilder und gewonnenen Erkenntnisse werden immer ähnlicher. Gruppenarbeit, gemeinsames Meditieren, beschleunigt diese Synchronisierung.

Das wird weltweit in verschiedenen Mysterienschulen genutzt und auch wissenschaftlich untersucht. In diesem Gleichklang von Meditierenden sehe ich die Bemühungen unserer Seele, kollektiv zu wirken, denn letztlich haben wir alle ein gemeinsames Ziel – die Vereinigung mit dem schöpferischen Geist.

Meditieren über längere Zeiträume bringt überaus positive Effekte. Diese können genutzt und in bestimmte Bahnen beziehungsweise Felder gelenkt werden. Aber das gelingt nur in einem Zustand der Wachheit und erhöhten Konzentration, bei gleichzeitiger Synchronisierung verschiedener Hirnleistungen. Die Erfahrungen, die ich dabei mache, kommen mir vor, als würde ich zur gleichen Zeit rechnen, ein Lied singen, ein Buch lesen und noch ein Gespräch führen. Wenn ich für diesen Zustand eine Erklärung abgeben sollte, würde ich sagen: Je mehr Gehirnzellen und Neuronen im Gleichklang einer Frequenz schwingen, umso höher wird die Aufnahmebereitschaft. Für mich ist das Gehirn ein Instrument des Geistes, und wenn es als Zentrum des nervlich Bedingten entlastet und vom Denken entbunden wird, also in eine Stille gerät, werden in konzentrierter Wachheit Eindrücke aus dem Geist wahrgenommen.

Bemerken möchte ich noch, dass es einen großen Unterschied gibt zwischen höheren Bewusstseinszuständen und dem tatsächlichen Erreichen einer höheren Entwicklungsstufe im Denken, im Intellekt. Die Wahrnehmungen höherer Zustände bis hin zu spirituellen Erfahrungen sind vorübergehend. So wundervoll und beeindruckend sie sein mögen, sind sie doch keine Garantie für eine Transformation des Bewussten auf eine höhere Ebene.

Aber alle meditativen Erfahrungen zeigen eins: Unser denkendes Tagesbewusstsein ist nicht allein, der Mensch ist angebunden an das allumfassende Bewusstsein, aus dem unter bestimmten Umständen Hilfe und sogar Weiterentwicklung von Lebensqualität erfahrbar ist, und diese umfasst auch das Denken und fördert das Wissen. Weil meine Bemühungen in der Meditation in erster Linie auf das Geistige Heilen ausgerichtet waren und sind, stammen meine Erkenntnisse hauptsächlich aus diesem Bereich – wobei ich von Erkenntnis erst dann spreche, wenn diese heilend oder harmonisierend zum Wohle anderer angewendet werden und von Dritten nachvollziehbar erlernt werden können.

»Können Sie uns eine für die Geistheilung anwendbare Methode vorstellen, die durch meditative Erfahrung gewonnen wurde?«

In diese Frage möchte ich mit meiner Antwort einen anderen Sinn legen, nicht die Methode möchte ich in den Vordergrund stellen, sondern den Nutzen aufzeigen, der durch Informationen aus dem Geistigen gewonnen werden kann.

Viele meiner hilfreichen Durchsagen entstanden aus der Praxis. Immer dann, wenn ich einen Krankheitszustand vorfinde, der sich mit Handauflegen oder mit Chakrenenergie nicht merklich verändern lässt, gehe ich in Meditation und äußere die Bitte: *»Ich möchte wissen, um zu helfen.«* Das ist ein ganz bestimmter meditativer Zustand, den ich eingeübt habe, ein Feld oder Raum oder Plateau, von dem aus ich in die verschiedenen Felder »hineinlauschen« kann. Er ermöglicht mir, meinem Geistführer eine Frage zu stellen und eine Antwort von ihm zu erhalten, eine Ebene von Raum- und Zeitlosigkeit zu erreichen, in die Energiefelder von Lebewesen zu schauen oder auf die astrale Ebene zu wechseln.

Meine Seele, die mir sonst unbewusst bleibt, ist für mich in diesem nivellierten Bewusstseinszustand erreichbar. Ich führe keinen Dialog mit meinem Unbewussten, etwa in der Art eines Selbstgesprächs, sondern es können in diesem Plateauzustand Antworten aus den unterschiedlichsten Ebenen des *Kollektiven Bewusstseins* empfangen werden. Ich befinde mich dann auf einer Transformationsebene, und der Vermittler, das Mediale, ist der Teil meines Gesamtbewusstseins, den wir Seele nennen. Nur sie kennt alle Informationsfelder des Lebens und kann sie meinem »Bewussten« vermitteln.

Mehrmals hatte ich mit Heilungssuchenden zu tun, bei denen ich eine Energieschwäche im gesamten Kopfbereich feststellte. Es waren sehr unterschiedliche Erkrankungen darunter, wie Kopfschmerzen, Augen- oder Hörprobleme, Schwindelanfälle oder Lähmungen. Zwar konnte ich bei diesen Patienten durch Energieübertragung Verbesserungen erreichen, aber nach einiger Zeit kamen sie mit den gleichen Problemen wieder. Das bedeutete, dass sie heilbar waren, es aber noch einen unbekannten Verursacher oder eine Fehlsteuerung gab, die durch bloße Energieübertragung nicht behoben werden konnte.

Eines Tages kam ein Patient zum dritten Mal mit den gleichen Problemen zu mir. Schon zweimal hatte ich die Chakren und Meridiane behandelt, ausgeglichen und in einen guten Zustand gebracht. Auch vor den Behandlungen war alles Erforderliche getan worden, und ich hatte ihn auf Erdstrahlen, richtige Ernährung, familiäre Sorgen und dergleichen mehr abgefragt. Mir war völlig klar: Nur wenn der Verursacher einer Krankheit aufgelöst wird, ist Heilung möglich. Wieder durchleuchtete ich alle mir bekannten Hintergründe, aber es gab einfach keinen Hinweis auf einen Verursacher. Darauf ging ich in Meditation, in den nivellierten Zustand, und äußerte gegenüber meinem Geistführer die Erfolg versprechende Bitte: »*Ich möchte wissen, was der Verursacher ist, um helfen zu können.*«

Sofort erhielt ich zur Antwort: »Der Energieaustausch zwischen Kopf und Körper ist zeitweilig unvollkommen.« Auf die Frage, wie das zu verstehen ist, sagte mein Geistführer zu mir: »Geh auf die Ebene der Chakrenwahrnehmung und betrachte die Region am obersten Halswirbel. Dort wirst du ein kleines pulsierendes Feld im blauen Licht vorfinden.«

Ich wechselte in die Chakrensichtigkeit und sah am obersten Halswirbel ein etwa fünf Zentimeter großes rotierendes Feld. Als ich nachfragte, welche Bedeutung es hätte, erfuhr ich: »Das ist das Nebenchakra des Stirnchakras, und es regelt den Spannungsausgleich zwischen Kopf und Rumpf.« »Also zwischen den Chakren«, sagte ich, doch schon wurde ich berichtigt: »Nur zu einem kleinen Teil. Hauptsächlich transformiert es die Energie zwischen dem Gehirn und dem übrigen Körper. Wenn du dich auf dieses Feld einstellst – denn dort ist eine Fehlsteuerung vorhanden –, können wir durch Regulierung und Verbesserung der Transformation diesem Menschen und vielen anderen helfen.«

»Wie ich gelesen habe, nennen Sie dieses Nebenchakra TRAFO. Können Sie etwas über die Bedeutung dieses Feldes sagen, besonders in Bezug auf Krankheiten. Welche Erfahrungen haben Sie damit gemacht? Wie kann man dieses Feld diagnostizieren?«

Beginnen wir mit der zweiten Frage. Wer chakrensichtig ist, wird nach wenigen Konzentrationsübungen am Atlas, dem 1. Halswirbel, eine Lichterscheinung wahrnehmen, den *TRAFO*. Ist er in guter Verfassung, leuchtet diese wirbelnde Energie als fünf bis sechs Zentimeter großes blaues Feld. Abweichungen in Größe und Farbe deuten auf Fehlsteuerungen im Nervensystem hin. Solche Abweichungen von der Norm können auch mit dem Pendel oder Tensor *(Vivo-Meter)* erfasst werden. Hellfühlige Menschen spüren dieses Feld sogar mit den Händen. In allen Fällen ist viel Übung erforderlich, weil es herauszufinden gilt, was normal ist und was nicht. Wesentlich ist, dass dieses transformierende Feld Vermittlungen vom Körper zum Gehirn und vom Gehirn zum Körper regelt.

In der *Schule der Geistheilung nach Horst Krohne*® widmen wir in der Ausbildung zum Heiler diesem 6. Nebenchakra hohe Aufmerksamkeit. Bei allen nervlich bedingten Erkrankungen kann der *TRAFO* der Verursacher oder Mitverursacher sein. Nach meinen Erfahrungen ist durch eine geistige Regulierung des *TRAFO* bei zehn Prozent aller Patienten eine Verbesserung zu erwarten. Der Einbezug des *TRAFO* beim Geistigen Heilen ist deshalb so erfolgreich, weil viele Erkrankungen auf eine Instabilität des Nervensystems zurückzuführen sind, und sie sind oft die Folge von Unregelmäßigkeiten dieses Nebenchakras – im Physischen wie auch im Psychischen.

Nach der Entdeckung des *TRAFO* begann für mich die Suche danach, welche Regulierungen in den Lebensströmen dieses Feld kontrolliert und ob sich von dort aus Krankheiten entwickeln können. Für mich war es eine Sensation, als ich in medizinischen Fachbüchern las, dass im Gehirn die Nervenströme bei etwa 1/100 000 (einhundert Tausendstel) Volt liegen, aber in den Hauptnerven im Körper Spannungen von 1/100 Volt gemessen werden. Ein Spannungsunterschied von eins zu tausend! Es muss irgendwo ein *Transformator* vorhanden sein. Besonders weil das willkürliche Nervensystem mit den Schwachströmen vom Gehirn die um ein Vielfaches höheren Nervenströme aller Bewegungen dirigiert. Hinweise, wo oder wie diese Spannungsunterschiede im Körper geregelt werden, fand ich nirgends. So stellte sich mir die Frage, ob der *TRAFO* dafür zuständig ist, und wenn ja, nach welchen physikalischen Prinzipien dort die Transformation stattfindet.

In Gesprächen mit Physikern und auch Elektronikern erfuhr ich, dass magnetische Felder frei im Raum und auch in der Materie rotieren können und dass diese Wirbelungen in der Lage sind, elektrisch geladene Ströme zu transformieren. Wenn wir das 6. Nebenchakra, den *TRAFO,* als ein solches magnetisches Feld ansehen, müsste dort am obersten Ende der Wirbelsäule Bioelektrizität, aus dem Körper kommend, in die feineren Hirnströme umgewandelt werden. Das Gleiche gilt umgekehrt für die schwachen Hirnströme, die dort, zum Körper hinführend, in stärkere Spannungen transformiert werden. Der *TRAFO* liegt zwischen dem Hirnstamm und dem Rückenmark, in einem Bereich, der im Medizinischen *Medulla oblongata* (»verlängertes Rückenmark«) genannt wird.

Damit diese Annahme Bestätigung finden konnte, mussten Patienten gefunden werden, bei denen das Krankheitsbild und die energetischen Abweichungen des *TRAFO* Parallelen zeigten. Es dauerte über zwei Jahre, bis ich genügend Fälle hatte, bei denen zwischen Erkrankungen oder Ausfallerscheinungen und den energetischen Messergebnissen am *TRAFO* ein Zusammenhang nachzuweisen war. Heute, viele Jahre später, ist das Bild viel klarer und bietet vielseitige Aussagen über die Bedeutung des transformierenden Feldes.

An erster Stelle sind es die nervlich bedingten Abläufe des physischen Körpers, die sich in der *Medulla oblongata* Geltung verschaffen. Als Nebenchakra steht dieses Feld natürlich auch mit den anderen Chakren in Korrelation. Sehr auffällig ist die Beziehung oder der Einfluss des *TRAFO* zu den psychosomatischen Wechselwirkungen.

Betrachten wir die energetischen drei Hauptebenen, zu denen der *TRAFO* in direktem Bezug steht, so zeigt sich seine große Vielfältigkeit:

1. Die Körperebene: Bioelektrische Signale, die über das Rückenmark laufen, werden in beiden Richtungen umgespannt – transformiert.

2. Die geistige Ebene: Die Chakren als Einfallstore des Geistes korrespondieren miteinander. Das gilt auch für den *TRAFO* und alle anderen Nebenchakren. Sämtliche Chakren und Nebenchakren haben

spezielle Aufgaben, bedingen sich aber gegenseitig. Dem 6. Nebenchakra (= *TRAFO)* steht als spezielle Aufgabe eine Vermittlerrolle zu.

3. Die psychosomatische Ebene: Auf dieser Ebene erkenne ich zwei übergeordnete Felder. Dort erfolgt die Wechselwirkung zwischen der Bioelektrizität der Nerven und dem Biomagnetismus der Meridiane. Die Meridiane werden vom 5. Chakra (Hals) gesteuert und das Nervensystem vom 6. Chakra (Stirn), und zwischen beiden vermittelt der *TRAFO*. Das gilt auch für eine weitere Ebene in der Vermittlung, zwischen den Hirnanhangsdrüsen und dem übrigen Endokrinum.

Die Auswirkungen bei ungenügender Vermittlung sind aber so vielfältig, dass das bisher Gesagte nicht ausreicht, um alle Möglichkeiten anzusprechen. Erst die Arbeit mit vielen Menschen öffnet die Sichtweise und gibt Hinweise für die Heilung.

Aus Erfahrung kann gesagt werden, dass dieses kleine blaue Feld bei der Heilung mit einzubeziehen ist. Es hat sich gezeigt, dass der Weg in die Heilung einfach länger dauert, wenn der *TRAFO* bei der Suche nach dem Krankheitsverursacher nicht beachtet wird.

*»Können Sie uns anhand von Beispielen
das Mitwirken des TRAFO im Krankheitsfall
genauer schildern? Es ist doch anzunehmen, weil
jeder Mensch einzigartig ist, dass auch der TRAFO
einzigartig in der Vermittlung sein dürfte.«*

Ja, genauso ist es. Das Zusammenspiel der Chakren und Nebenchakren und aller Energiesysteme spiegelt den Gesamtbewusstseinszustand eines Menschen wider, und der ist immer einzigartig. Somit benötigt ein Heiler bei der energetischen Diagnose viel Erfahrung. Was für den einen Menschen im Energiesystem normal ist, muss nicht auch für einen anderen gelten. Doch eines trifft für alle Menschen zu: Die Stärke oder Schwäche einzelner Energiefelder hat lange nicht die Bedeutung wie das Zusammenspiel aller Felder. Kommunikationsstörungen zwischen den Energiesystemen lösen viel häufiger Erkrankungen aus als ein schwaches Feld. Das ist ausschlaggebend für die Funktion des *TRAFO*, weil er hauptsächlich ein Vermittlungsfeld ist.

Ich möchte es Ihnen an einem Fall demonstrieren:

Ein Mann Ende vierzig kam zu mir, weil er unerklärliche motorische Ausfallerscheinungen hatte. Ohne ersichtlichen Grund zeigten sich mal in den Beinen, mal in den Armen Koordinationsschwierigkeiten. Es gab Tage, an denen er nicht in der Lage war, seine Gliedmaßen bewusst und kraftvoll einzusetzen. Tauchte das Symptom in den Beinen auf, hatte er Schwierigkeiten zu gehen, ohne hinzufallen. Waren die Ausfälle in den Armen, glitten ihm Gegenstände aus den Händen, oder er hatte Mühe, einen Gegenstand gezielt zu ergreifen. Dann gab es auch Tage ohne jegliche Einschränkungen.

Untersuchungen mit verschiedenen schulmedizinischen Methoden erbrachten nur Vermutungen, kein klares Krankheitsbild. Als ein Arzt ihm obendrein noch sagte, er hätte wahrscheinlich MS, war das für ihn alles andere als ermutigend.

Auf meine Frage, warum er auf mich einen fast ängstlichen Eindruck mache, bekam ich zur Antwort, er wäre noch nie bei einem Geistheiler gewesen, er hätte schon so viel schlechte Nachrichten über seinen Gesundheitszustand erhalten, und wenn ich ihm jetzt noch sagen würde, die Krankheit wäre sein Karma, dann... Hier unterbrach ich ihn mit den Worten, ich sei kein Wahrsager, sondern Heiler, und ich würde bestenfalls nach Ursachen suchen. Daher würde ich mir nun seine Energiefelder anschauen. Soweit der Dialog.

Bei Patienten, die schon mit vielen diagnostischen Methoden erfolglos untersucht worden sind, gehen meine Überlegungen immer davon aus, dass die Krankheit auf einem Gebiet zu suchen ist, das mit den angewandten Verfahren nicht erreicht werden kann. Das betrifft in erster Linie die Wechselwirkungen zwischen den Energiesystemen. Auffällig war bei diesem Patienten die zwischenzeitliche Beschwerdefreiheit. Hier gab es zeitlich begrenzte Ausfälle in Bezug auf das zentrale Nervensystem. Die Frage war nun, sind es die nervlichen Impulse vom Gehirn, die die Extremitäten nicht erreichen, oder fällt hier der Tastsinn aus beziehungsweise vermittelt der Tastsinn falsche Empfindungen? Weil der Patient schon neurologisch untersucht worden war und man weder im Gehirn noch in den motorischen Nerven Auffälligkeiten gefunden hatte, kam für mich nur der Spannungsregler infrage, der *TRAFO*.

Die energetische Untersuchung des *TRAFO* ergab: Seine Farbe war blassblau, die Rotation zeigte eine horizontale Ellipse. Die Verbindungen zwischen *TRAFO* und Halschakra waren deutlich gestört, und zwischen *TRAFO* und Stirnchakra empfand ich die Verbindung als »zittrig«. Halschakra und Stirnchakra waren einzeln betrachtet im normalen Bereich, in der Verbindung zueinander zeigten sich jedoch Intensitätsschwankungen. Das ergab ein klares Bild. Das Ausleben von Emotionen (Halschakra) wurde vom Denken (Stirnchakra) nicht akzeptiert. Der *TRAFO* ist ein Spannungsschalter, schaltet er ganz ab, führt das zu Blackouts und Ohnmachten. Lag hier ein Versuch der Seele vor, tätliche Aggression durch Bremsung der Motorik einzudämmen? Das wollte ich wissen, und so stellte ich dazu einige Fragen.

Im Gespräch mit dem Patienten kam heraus, dass er in bestimmten Situationen eine emotionale Aggression entwickelte. Er sei ein gebremster Choleriker, sagte er mir. Ich fragte nach, wie das zu verstehen sei. Seine Antwort war aufschlussreich. In einem Wutanfall hatte er einmal einen Menschen zu Boden geschlagen und mit Füßen getreten. Nachdem die Emotionen abgeklungen waren, hatte er sich geschworen, dass das niemals wieder geschehen würde. Er hatte sich Bücher über autogenes Training gekauft und als Autodidakt Kontrolle über seine Aggressionen erlangt. Der tiefe Hintergrund der emotionalen Aggressionen war natürlich nicht beseitigt, sondern nur unterdrückt worden, und diese Unterdrückung übernahm der *TRAFO*. Der

Ärger, der im Kopf entstand, wurde jetzt nicht mehr zum Körper weitergeleitet, der *TRAFO* bremste die Wutattacke als Notschaltung aus.

Wie recht der Patient doch mit seiner Äußerung hatte: »Ich bin ein gebremster Choleriker.« Als ich ihm die Zusammenhänge erklärte, sagte er: »Das stimmt, immer wenn ich diese lähmenden Empfindungen hatte, war ich vorher sehr verärgert.«

Die Frage war nun, wie konnte ich hier helfen. Regulierte ich den *TRAFO,* waren seine Gefühllosigkeiten in Armen und Beinen zwar weg, aber er konnte wieder gewalttätig werden. Ich musste also vor der *TRAFO*-Regulierung eine andere Heilung vornehmen und setzte die Organsprache-Therapie ein.[7] Bei dieser Therapie kam es zu einer Aussöhnung zwischen Herz und Kopf, zwischen der Liebe und dem Denken. Danach konnte der *TRAFO* normalisiert werden, und der Patient war geheilt.

Doch was wurde hier geheilt? Die körperlichen Symptome wurden behoben, weil sie die Folge einer nicht gerade zweckmäßigen Unterdrückung von Emotionen war. Es war eine der vielen Funktionsstörungen, die wir aus Unwissenheit entwickeln. Der größte Teil der Menschheit befindet sich gemäß meiner Aufteilung auf Stufe 6:

das sich selbst erkennende Bewusstsein, das sich noch im vollen Umfang in der Lernphase und Ausbildung befindet.

> *»Wenn ich Sie richtig verstehe, sind alle psychosomatischen Erkrankungen ein Problem der Bewusstseinsentwicklung dieser Stufe 6?«*

Wie ich schon sagte. Es geht um *das sich selbst erkennende Bewusstsein, das sich noch im vollen Umfang in der Lernphase und Ausbildung befindet.*

Aber das lässt sich nicht so einfach abhandeln, weil dieser Teil unserer menschlichen Entwicklung sich auf mehreren Ebenen und energetischen Feldern gleichzeitig abspielt. Es geht hier um unterschiedliche Elemente einer individuellen moralischen Entwicklung des Denkens und der Gefühle. Diese im Bewussten und Unbewussten ablaufenden täglichen Entscheidungen stellen einen Versuch dar, mit sich und der Umwelt klarzukommen und anhand der so gewonnenen Erfahrungen im Bewusstsein zu wachsen.

Wie wir an dem Beispiel gesehen haben, führte der Weg der Entscheidung nur zu einer Verlagerung des Problems – und trug doch zur Heilung bei. Somit war die Entscheidung des Patienten letzten Endes richtig gewesen, weil er in seinem noch unvollkommenen Bewusstsein das getan hatte, was zur Heilung führte. Er hatte sich einem Heiler oder, anders gesagt, dem Kollektiv anvertraut.

Jede Krankheit hat Sinn. Führt die eingeschlagene Entscheidung zu einer Heilung, bietet das in zweierlei Hinsicht Erkenntnis. Der Heilungssuchende erkennt sein mangelhaftes Bemühen und lernt im Heilungsprozess, und der Heiler erfährt in der Diagnose und der daraus folgenden Heilung das krank machende Fehlverhalten, das beispielsweise lauten kann: »So macht man es nicht.« Jeder Heilungsprozess dient dem Individuellen und dem Kollektiven, denn jede Heilung wird im kollektiven Bewusstsein abgelegt und steht dem Ganzen zur Verfügung. Selbst Entscheidungen, die nicht in eine Heilung führten oder nur einen Teilerfolg brachten, sind Erkenntnisse in Richtung Bewusstseinserweiterung: »Zumindest so geht es nicht.«

Wir können auch sagen, Krankheit und Heilung sind Garanten für Wachstum und Vervollkommnung. Auf unserer bewussten Ebene sagen wir doch auch: »Ohne Leid kein Preis.« Oder: »Was uns nicht umbringt, macht uns stark.«

»Sie haben noch andere, wenig beachtete oder ganz unbekannte Felder in das Geistige Heilen mit einbezogen. Ist dies denn notwendig? Sie könnten doch Ihre Geistführer oder dem göttlichen Bewusstsein den Heilungsprozess übertragen. Viele Heiler nutzen die Fürbitte und haben Erfolg damit. Warum gehen Sie einen anderen Weg, der doch eindeutig aufwendiger ist?«

Wir können die Fürbitte noch ergänzen durch Besprechen, schamanische Rituale und Heilhypnose. Ich kenne viele Heiler, die Erfolg damit haben, aber ich kenne auch genügend Patienten, bei denen diese Methoden keinen oder nur einen vorübergehenden Erfolg zeigten. Aus vielerlei Gründen gehe ich den aufwendigen Weg, denn er führt zur Bewusstseinserweiterung für den Patienten und für mich und somit auch für das Kollektivbewusstsein.

Lassen Sie es mich an einem Beispiel aufzeigen: Zu mir kam ein Patient, der aufgrund eines Unfalls mehrere Brüche im linken Bein hatte. Seit dem Unfall waren sechs Jahre vergangen, sechs Jahre unter Schmerzen. Nachdem die Schulmedizin keinen Erfolg gebracht hatte, denn betäubende Schmerzmittel führen ja nicht zur Heilung, hatte eine Reise von Therapeut zu Therapeut und von Heiler zu Heiler begonnen. Hypnose, Besprechen, Fürbitte, Chakren- und Karma-Behandlungen, Akupunktur und Handauflegen, nichts hatte geholfen. Auf meine Frage, was die vielen Behandler denn als Ursache für die Schmerzen angegeben hatten, erhielt ich zur Antwort, es hinge mit den komplizierten Brüchen zusammen.

»Was hat denn die Schulmedizin zum Heilungsprozess der Brüche gesagt?«, war meine nächste Frage. Darauf entgegnete der Patient: »Die Ärzte, die mich operierten und danach weiterbehandelten, sind der Meinung, dass alles gut verheilt ist, und für die noch vorhandenen Schmerzen gibt es keine Erklärung.«

Auf keinen Fall wollte ich sofort eine Heilanwendung vornehmen, wenn so viele Therapeuten ohne Erfolg geblieben waren. Schließlich wollte ich mich nicht in diese illustre Truppe einreihen. Aber Schmerzen sind für mich keine Krankheit, sondern eine Information. Sie bringen zum Ausdruck: »Meine Funktionen sind gestört.« Nun lagen hier die Aussagen von Fachärzten vor, es sei alles gut verheilt. Von dieser Seite konnte der Schmerzverursacher also nicht kommen, denn die Unfallverletzungen waren auskuriert. Ich betrachtete die vielen Alternativmethoden, die genauso erfolglos geblieben waren, und erkannte, dass die Funktionsstörung in einem Feld oder auf einer Lebensebene liegen musste, die weder Schulmediziner noch medizinische Außenseiter erreicht hatten. Ich begann mit meiner Suche nach einem Verursacher, den alle, auch der Patient, bisher nicht mit einbezogen hatte.

Nach sechs Jahren und ebenso viel verschiedenen Therapeuten ging ich davon aus, dass dieser Patient austherapiert war, um nicht zu sagen, unheilbar. Nur wenn es mir gelang, den Hintergrund der Therapieresistenz aufzudecken, konnte das Erfolg bringen. Die Wunden waren verheilt, aber der Schmerz als Funktionsstörung war noch vorhanden. Er zeigte immer noch die Verletzung an, die Beinbrüche, obwohl sie schon lange ausgeheilt waren. Für mich lag der Verursacher der Schmerzen im Unfall selbst. Welchen Hintergrund hatte der Unfall gehabt? Ich ließ mir vom Patienten seine Lebenssituation vor dem Unfall erzählen.

Der Patient war 42 Jahre alt und hatte eine leitende Position in einer weltweit operierenden Firma inne. Er hielt sich für sehr ehrgeizig und wollte zu dieser Zeit unbedingt in den Vorstand des Unternehmens aufgenommen werden. Am Tag des Unfalls war er von einem Sprecher des Aufsichtsrats aufgesucht worden, der ihm erklärt hatte, dass man seine rauen Bemühungen, in den Vorstand zu kommen, aus Gründen seiner Unerfahrenheit nicht akzeptieren würde. Stattdessen würde man ihm eine Firmenvertretung in Russland anbieten, und wenn er diese Niederlassung mit Erfolg leitete, wäre dies ein gutes Zeichen, in die Firmenleitung hineinzuwachsen.

»Diesen Schritt werde ich nicht gehen«, hatte er gesagt und aufgebracht sein Büro verlassen. Er war zum Skilaufen gegangen, um sich abzureagieren, und bei der ersten Abfahrt war es dann zum Unfall gekommen.

Im weiteren Gespräch erfuhr ich, dass die Stelle im Ausland von jemand anderem besetzt worden war und er, nachdem er wieder arbeitsfähig gewesen war, in seinem Büro hatte weiterarbeiten können, aber seine Befugnisse wurden eingeschränkt. Hier lag der Schmerz »Meine Funktion ist gestört« nicht im Körper, der war nur stellvertretend eingesprungen für »Diesen Schritt gehe ich nicht«. Im Betrieb, in seinem Berufsleben, lag der Verursacher.

Der Verursacher lag also in seiner Vergangenheit, doch wie war hier eine Lösung möglich?

Ich fragte ihn, was mit der Niederlassung in Russland geschehen war. »Zurzeit ist der dritte Niederlassungsleiter dort tätig, und es sieht so aus, als würde auch er scheitern«, lautete seine Antwort. »Dann freuen Sie sich doch«, entgegnete ich, »Sie haben sich viel Misserfolg erspart. Sehen Sie es doch einmal so: Ihr Unbewusstes hat einen Unfall mit Beinbruch herbeigeführt, und dadurch konnten Sie diesen Schritt wirklich nicht gehen. Ihr gebrochenes Bein hat Sie als ehrgeizigen Menschen von einem peinlichen Misserfolg abgehalten. Sie sitzen noch in Ihrem Büro, und ein paar Einschränkungen sind doch wirklich kein Beinbruch. Ich glaube, wenn Sie sich bei Ihrem Bein bedanken, weil es Ihnen bei der Entscheidung geholfen hat, dann ist eine Heilung mit geistiger Hilfe wahrscheinlich. Wir werden nun ein Heilungsritual besprechen.« Und so entstand das Wunder!

Als Erstes ließ ich in seinem Lebenskalender die Ereignisse, die zum Unfall führten, von meinem Geistführer harmonisieren. Dann bat ich den Patienten, die Augen zu schließen, vor dem geistigen Auge sein schmerzendes Bein an die Brust zu ziehen, es zu umarmen und in Gedanken meinen Worten zu folgen: »Ich liebe dich, du bist mein bester Kamerad. Du trägst mich und erträgst mich. Jetzt, in diesem Augenblick, habe ich erkannt, was du für mich getan hast. Du hast den Bruch bei dir, stellvertretend für mich und meinen Beruf, hingenommen und mir dadurch beruflichen Misserfolg erspart. Du bist mein bester Freund, ich liebe dich.«

Ich bat ihn nun, seine ganzen Gefühle der Zuneigung und Dankbarkeit in sein Bein zu schicken. Gleichzeitig schickte ich über seine beiden Nervenmeridiane an den Zeigefingern beruhigende Heilenergie. Zum Abschluss bat ich ihn, in Gedanken sein Bein an den Stellen zu streicheln, die am stärksten geschmerzt hatten, und nach einem weiteren Dank an sein Bein ließ ich ihn die Augen öffnen. Er bewegte das Bein, und der Schmerz war weg – und er blieb weg.

Der ganze Heilvorgang hatte keine zehn Minuten gedauert, und das Ergründen im Gespräch und das Aufspüren der Energieturbulenzen in den biologischen Feldern etwa dreißig Minuten. Dass es zu einer Spontanheilung gekommen ist, hat zwei Gründe: Ein wichtiger Teil war das Aufdecken des Verursachers gewesen und ein weiterer die Einbindung des Patienten in den Heilprozess. Er hatte die Heilung in seine Hände genommen.

Für die Geistige Welt ist es, wenn sie durch mich wirkt, leicht, präzise und hochgradig wirksam zu werden, wenn eine folgerichtige Heilstrategie vorliegt.

Fragen und Antworten

*»Sie erwähnten im vorliegenden Fall den
Lebenskalender. Ist dieser nicht auch eine Entdeckung
von Ihnen, und gehört der Lebenskalender damit
nicht zur Neuen Geistheilung, wie Sie es nennen?«*

Diese Fragen beantworte ich mit einem klaren *Ja*. Als Lebenskalender bezeichne ich ein von mir und durch Mithilfe meiner geistigen Helfer entdecktes Energieband, das für die moderne und *Neue Geistheilung* von unschätzbarem Wert ist. Über das Energieband des Lebenskalenders kann erstmals ein ausgebildeter Geistheiler ohne Medialität, nur mit seiner Fühligkeit, unerlöste Konflikte erkennen.

Es ist bekannt, dass dramatische Ereignisse, Schocks und andere Dramen von der Geburt bis in die Gegenwart in der Lage sind, unser Leben einzuschränken. Über das Erfühlen mit den Händen, mit dem Pendel oder Tensor *(Vivo-Meter)* kann ein erfahrener Heiler herausfinden, ob eine Krankheit einen traumatischen Verursacher hat. Bestätigt sich das, lässt sich mit einem geistigen Helfer dieser einschränkende, unerlöste Konflikt im Lebenskalender harmonisieren. Ist dies geschehen, können als nächster Schritt die in Disharmonie geratenen Felder – wie Chakren, Nebenchakren, Meridiane und Organfunktionen – in den energetischen Zustand gebracht werden, der eine Heilung zulässt.

Ergänzend möchte ich aber sagen, dass eine Korrektur im Lebenskalender nicht durch unser Wachbewusstsein oder durch Handauflegen vorgenommen werden kann. Immer und ausschließlich erfolgt das Aufheben eines Traumas aus dem Geiste. Hierbei wird der Heiler zum Medium, zum Vermittler. Wir dürfen nicht vergessen, dass die Löschung eines Traumas im Lebenskalender nicht auf das Gehirn, also auf den Körper, wirkt. Sie bewirkt eine Harmonisierung im Unbewussten, in der Seele, und diese kann nur von höchster Instanz aus von ihren unerlösten Konflikten befreit werden. Die Heilungen über den Lebenskalender erschienen mir so wichtig, dass ich darüber ein ganzes Buch geschrieben habe.[8]

Um die Wichtigkeit der Heilung über den Lebenskalender zu unterstreichen, möchte ich hier noch ein weiteres Heilbeispiel vorstellen. Es geht um Petro, der 47 Jahre alt war, als er zu mir kam. Er beschrieb seinen Zustand wie folgt:

»Mit 15 Jahren hatte ich eine schwere Gehirnerschütterung. Im gleichen Jahr erfuhr ich, dass der Mann, den ich für meinen Vater hielt, nicht mein biologischer Vater war. Meine Mutter zog, als ich erst sechs Jahre alt war, von Spanien nach Deutschland. Sie war voller Trauer, weil sie meinen leiblichen Vater zurückgelassen hatte.

Heute, als Familienvater mit vier Kindern, habe ich existenzielle Lebensangst. In meinem Innersten will ich zu fünfzig Prozent sterben und zu fünfzig Prozent leben. Nur meine starke Bindung an meine Familie und meine Mutter hält mich am Leben. Seit mehreren Jahren bin ich in ärztlicher Behandlung und befand mich auch schon in der Psychiatrie. Die Ärzte sagen, meine Angst kommt aus der Vergangenheit, doch ich wäre nicht bereit, mich mit ihr auseinanderzusetzen. Deshalb sei ich nicht mehr therapierbar.«

Soweit die Aussagen des Patienten. Meine Untersuchungen der energetischen Felder ergaben:

1. Das Wurzelchakra war schwach, ca. 40 % vom Normalen = keine Durchsetzungskraft.
2. Das Halschakra zeigte partielle Ausfälle = gute Unterscheidungen sind nicht mehr möglich.
3. Das Stirnchakra war schwach (vorn und hinten gemessen), und zwischen beiden Polen gab es keinen Informationsaustausch = somit war eine Rückschau in die Vergangenheit nicht möglich.
4. Im Lebenskalender zeigten sich von der Geburt an bis zum 22. Lebensjahr mehrere Blockaden.
5. Vom Wurzelchakra zum *TRAFO* (Nebenchakra des Stirnchakras) war die Verbindung sehr schwach.
6. Das Sakralchakra und das Stirnchakra hatten keine Verbindung = Informationsaustausch fehlte.

SAKRALCHAKRA/STIRNCHAKRA

Prinzip: Fehlurteile, keinen Standpunkt haben.
Körperebene: Ischialgie, Nervenreizung, Migräne.
Im Psychischen: Ausweglosigkeit, partnerschaftliche Schwierigkeiten, Stimmungsanfälligkeit, mangelnde Objektivität, Planlosigkeit, Beeinflussbarkeit.

Die Messungen ergaben als Hauptproblem die Schwäche der Chakren 2 und 5, noch verstärkt durch den schwachen Informationsaustausch vom 1. Chakra zum *TRAFO*. Dadurch konnten im Lebenskalender abgelegte Dramen nicht erlöst werden. Erschwerend kam die Aussage des Arztes hinzu: »Sie sind nicht mehr therapierbar.«

Nach einem aufklärenden Gespräch begann ich mit der Behandlung. Für mich stand fest, dass das Problem die nicht verarbeiteten Dramen waren, die, im Lebenskalender abgelegt, den Lebenswillen blockieren. Der erste Schritt musste also eine Harmonisierung des Lebenskalenders sein. Nachdem diese von meinem geistigen Helfer vorgenommen worden war, aktivierten wir das Wurzelchakra und verbanden es mit dem *TRAFO*.

Nach dieser Behandlung machte der Patient einen völlig anderen Eindruck. Seine ganze Haltung war straffer geworden. Die niedergeschlagene Körperhaltung war verschwunden, und der trübe Blick in seinen Augen war gewichen. Diese starke Reaktion auf und durch die Freisetzung von Lebensenergie erlaubte es, die Angstbrücke (die Kommunikationsblockade zwischen dem 2. und 5. Chakra) aufzulösen. Im Gespräch nach der Behandlung war der Patient wie umgewandelt, mitteilsam und voller Pläne für die Zukunft. Als völlig veränderte Persönlichkeit verließ er den Behandlungsraum.

Eine Nachfrage Wochen später ergab: Es war keine Angst mehr vorhanden, die Vergangenheit anzusehen – er berichtete, er hätte sich noch nie so frei gefühlt.

Eine Befreiung von Angst und gebrochenem Lebenswillen mit nur einer Behandlung ist selten und grenzt an ein Wunder. Ich glaube, dass die Psychotherapien in den Monaten davor bei meinem Patienten einiges bewirkt hatten und er deshalb so spontan auf Geistheilung ansprach. Was noch gefehlt hatte und eingebunden werden musste, war die höchste Ebene in uns, die Dimension der Chakren, die für Angst und Lebenswillen verantwortlich sind. Sie mussten therapeutisch erreicht werden, denn gerade hier lagen die Probleme vergraben und konnten somit spontan über den Lebenskalender behoben werden.

*»In Ihrem Beispiel hatte der Patient Angst.
Haben Sie als Heiler öfter Patienten mit Angst,
und wie begegnen Sie dieser in der Geistheilung?«*

Angst begleitet viele Menschen zeitlebens in unterschiedlicher Form. Als Heiler begegnen wir dieser Angst und dem damit verbundenen Leidensdruck bei unseren Patienten immer wieder. Wir können davon ausgehen, dass Angst ein Energieverlust ist und im wahrsten Sinne des Wortes das Leben »einengt«.

Betrachten wir den Ursprung der Angst, dann treffen wir auf ein tiefes seelisches Gefühl, das wir dem Energiefeld der Emotionen zuordnen können. Und wie Emotionen nun einmal sind, treten sie dann auf, wenn wir uns in einer Situation befinden, die wir nicht beherrschen können oder der wir noch nicht gewachsen sind. Schauen wir uns unsere Angst ohne Angst an, also mit reinem Denken und frei von Emotionen, erkennen wir, dass der größte Teil unserer Ängste aus der Vergangenheit kommt – aus Zeiten, die uns bewusst sind oder als Erinnerungen an ein früheres Leben unbewusst aufsteigen.

In der Beurteilung und Heilung von Ängsten sehen wir zwei Felder. Urängste, Phobien und unbegründete Ängste zeigen sich im 1. und 2. Chakra. Reale Ängste, etwa Angst vor Strafe, Prüfungsangst oder Angst, entlarvt oder erkannt zu werden, zeigen sich im 5. Chakra.

Als ich begann, mich mit dem Thema Angst zu beschäftigen, stellte ich mir die Frage: »Wenn unser Körper Angst hat, sind dann in unseren Zellen Erinnerungen gespeichert? Gibt es bei Lähmungen, Krämpfen oder Schwitzen ein Erinnerungsvermögen?« Vieles deutet darauf hin, dass bestimmte Körpergewebe imstande sind, Erinnerungen zu speichern, die dann, wenn sie angeregt werden, nach einem bestimmten Muster reagieren.

Aber Zustände, die angesprochene Reaktionen auslösen, sind Symptome von Allergie. Demnach wäre Allergie ein Produkt der Angst – und genauso ist es!

Wir Heiler mit unserem erkennenden Bewusstsein spüren/sehen die Angst und das zornige Reagieren – die allergische Reaktion – in den Energiefeldern. Gehen wir in die Chakren hinein und ergründen dort die Unzulänglichkeiten, so finden wir in den Mustern der Chakren und ihren Verbindungen alle Arten von Angst und auch die aus der Enge hervorbrechenden Reaktionen. Mit der Chakrenanalyse können wir Ängste ermessen und beurteilen.

Im Wurzelchakra finden wir eine überdimensionale, rational nicht begründbare Angst. Geboren aus Mut- und Machtlosigkeit, kann hier ein Muster entstehen, das ohnmächtige Wut hervorbringt. Es sind häufig innere, selbst gesetzte Grenzen, Verbote und Gebote, die eine freie Entfaltung des menschlichen Willens verhindern.

Die Muster der Angst im 2. Chakra (Sakral) in den links rotierenden Feldern lösen Vermeidungsreaktionen aus bis hin zu Phobien, beispielsweise Höhenangst oder Angst vor Spinnen und dergleichen, aber auch Angst vor Hingabe oder Abhängigkeit. Oft finden wir in den rechts und links drehenden Feldern Angst vor Aggression, vor heftigen Konflikten, Existenz- und Verlustangst.

Im 5. Chakra, dem Halschakra, erkennen wir die Ängste, die realitätsverbunden sind, etwa ertappt zu werden, wenn wir etwas Unrichtiges getan oder gelogen haben, Prüfungsangst, wenn wir glauben, Fragen gestellt zu bekommen, die wir nicht beantworten können.

Die aus der Krankheit sich entwickelnde Angst ist ein Problemkreis, mit dem wir als Heiler es immer wieder zu tun bekommen. So zeigt jedes Chakra bei einengenden Schwingungen, die sich als schnelle und kleine Drehungen am *VivoMeter* darstellen, ganz spezielle Angstsymptome, die mit einiger Erfahrung die Begrenzung des Bewusstseins aufzeigen. Wir Heiler können Enge, Unvollkommenheit oder Unwissenheit als vorherrschendem Grund von Angst – die mit Wutausbrüchen und Allergien einhergehen kann – durch den geistigen Heilstrom aus der Vollkommenheit und Harmonie entgegentreten.

Angst ist vom Ursprung her ein tiefes seelisches Gefühl und zeigt den Verlust von Ganzheit und Vollkommenheit an. Somit kann Angst mit den Strategien des Verstandes nur schwer überwunden werden. Weil die Geistheilung mit ihren übersinnlichen Methoden Verstandesgrenzen überschreitet, können wir Heiler der Angst durch Gemütsveränderungen beikommen. Doch Angstüberwindung ist Bewusstseinserweiterung, und die benötigt Zeit. Haben Sie also Geduld mit Ihren Angstpatienten!

Ein besonders erfolgreicher Heilsweg bietet sich über den Lebenskalender an. Hier im 7. Nebenchakra befindet sich die Schlüsselfunktion, der Zugang zu den verdrängten Dramen des Lebens. Wenn Sie bei einem Ihrer Patienten an dieser Stelle blockierte Energien vorfinden, besteht große Hoffnung auf heilende Hilfe.

Bedenken Sie aber bitte, dass die gespeicherten Konflikte im Lebenskalender nicht mit dem Willen oder dem bloßen Wunsch zu harmonisieren sind. Nur bei einer uneingeschränkten Verbindung zum geistigen Feld, zu unseren Helfern, besteht die Wahrscheinlichkeit von Erlösung, und selbst mit höchster Hilfe ist nicht jedes Mal eine totale Befreiung möglich. In vielen Fällen werden Sie von Ihrem Patienten eine Schicht nach der anderen abtragen lassen müssen, bis Sie als Vermittler einen angstfreien Patienten haben.

*»Ich möchte nochmals die Frage stellen:
Ist der Aufwand, den Sie beim Geistigen Heilen
betreiben, um den Krankheitsverursacher zu finden,
so, wie Sie es ausüben und auch lehren, notwendig?
Andererseits sagen Sie doch, für Gott ist alles möglich.
Somit könnte doch ein Heiler mit der göttlichen Kraft
alles heilen, ohne den Verursacher zu kennen.«*

Es gibt Heiler, die sich nur auf die göttliche Kraft verlassen. Sie beten mit den Kranken oder nehmen sich selbst zurück, damit die Heilübertragung nicht mehr als ihre eigene Kraft und Absicht, sondern aus dem Geistigen übertragen wird. Je liebevoller Sie es tun, umso erfolgreicher wirkt ihr Handeln. Wenn Sie es so sehen, stimmt es: Für Gott ist alles möglich.

Die meisten Heilungssuchenden, die zu einem Heiler gehen, von dem sie gehört haben, dass er tief religiös handelt und immer wieder betont, dass Gottes Gnade durch ihn wirkt, haben eine besondere innere Einstellung. Sie hoffen auf ein Wunder. Sie geben das in Gottes Hand, wofür sie selbst verantwortlich sind. Das ist sogar verständlich, denn Wunder gibt es, und in der menschlichen Psyche ist ein drängender Wunsch vorhanden, ein solches Wunder zu erleben. Doch sie wollen etwas bekommen ohne eigenen Einsatz.

Gespräche, die ich mit Menschen führte, die den Wunsch verspüren, eine Wunderheilung zu erleben, unterscheiden sich nicht von Menschen, die das finanzielle Wunder suchen und Lotto spielen. Der eine glaubt an Gottes Hilfe, der andere an das Glück. Auf beiden Seiten gibt es den Glücklichen. Der eine wird geheilt, der andere gewinnt viel Geld. Haben Sie einen Lottomillionär im Bekanntenkreis und sein Glück erlebt, oder kennen Sie einen Todkranken, der durch eine göttliche Heilung gesund wurde? Es sind sehr wenige.

Wir alle kennen das Sprichwort: *Auf die Dauer hat nur der Tüchtige Glück*. Ich glaube, wir sind einer Meinung, dass Glück nicht bedeutet, viele Lose zu kaufen oder viele Reisen zu einem Wunderheiler zu unternehmen. *Jeder ist seines Glückes Schmied* lautet ein anderes Sprichwort. Wenn wir beide Sprichwörter wörtlich nehmen, können wir sagen: Wer an sich arbeitet und nach Selbstverwirklichung strebt, hat Glück. Da Wunder nun einmal selten sind und es viele Kranke gibt, die das Vertrauen zu sich selbst verloren haben, weil sie den Weg in die Selbstverwirklichung nicht finden konnten, sehe ich hier den Ansatz zur Hilfe.

Es wäre schön, einfach die Augen zu schließen, die Hände aufzulegen, und schon wird der Kranke geheilt. Doch das geschieht sehr selten, und deshalb habe ich nach einem Weg gesucht, denen zu helfen, die nicht in der Gnade sind. Heute ist mir bewusst, dass jede Krankheit, jeder Schmerz, jede Not ein Hilfeschrei der Seele ist. Sie meldet sich zu Wort: »Ich komme mit den Bedingungen nicht mehr klar.« Hier ist Hilfe angesagt, denn jede Seele steht in einem ganz individuellen Entwicklungsprozess. Ihre Entwicklung/Selbstverwirklichung ist ein Weg des Lernens, Erkennens und Erwirkens, und das in allen Lebensbereichen. Dazu gehört auch das Erhalten aller Körperfunktionen. Würde man nun die Fehlfunktion mit geistiger Kraft richtigstellen und würde die Seele dabei nicht erfahren, wie man es besser macht, würde sie in alten Schienen fortfahren und wieder entgleisen.

Diese Patienten, die immer wiederkommen, diese chronisch Kranken, spiegeln das Dilemma der noch lernenden Seele wider. An ihnen wird herumgeheilt und herumgedoktert, und doch erfahren sie nicht den tieferen Sinn und den Hintergrund ihrer Unvollkommenheit. Aus diesem Grund versuche ich bei jedem Patienten, die Unwissenheit, den Verursacher der Not, aufzudecken. Wenn mir das gelingt, kann ich dem Notleidenden vermitteln, was zu seiner Selbstverwirklichung führt. Gelingt mir das, ohne belehrend zu wirken, entsteht außerdem noch Selbsterkenntnis. Erst wenn der Patient erkennt und eine Möglichkeit sieht, aus seiner Not herauszukommen, ist der Weg frei für einen regulierenden Heilstrom.

Hinzufügen möchte ich noch, dass jeder Heiler, der das Krankheitsgeschehen hinterfragt und die tieferen Gründe aufzeigt, nicht nur dem Patienten hilft, sondern auch sein Bewusstsein durch Wissen anhebt. So gesehen, ist jeder Patient für den Heiler ein Geschenk. Gleichzeitig dient es dem Kollektiven und somit auch der menschlichen Evolution.

Ich möchte aber nochmals auf Wunderheilungen zurückkommen. Wenn ich rückwirkend meine Heiltätigkeit betrachte und die Heilungen herausnehme, die das Prädikat Wunder verdienen, so kann ich sie in zwei Gruppen einteilen. Der größere Teil besteht aus Patienten, mit denen ich, meist über mehrere Sitzungen, die Hintergründe ihrer Krankheit aufdeckte. War dies geschehen und der Patient bereit, einen neuen, den richtigen Weg einzuschlagen, entstanden Heilregulierungen, die medizinisch-wissenschaftlich nicht ohne Weiteres erklärbar waren. Sie wurden zum Wunder, weil eine Heilkraft so machtvoll floss, dass jede Erklärung dafür fehlte. Diese Patienten wurden »begnadigt«, weil sie zur Einsicht kamen. Ein Teil wurde »auf Bewährung« geheilt. Sie erlebten an sich eine spontane, nicht zu erklärende Heilung, aber ich bekam auch einen Hinweis, den ich an Sie weitergeben möchte: »Nur wenn die Patienten dankbar sind und alles daransetzen, nicht wieder in alte Verhaltensweisen zurückzufallen, hat die Heilung Bestand.«

Die kleine Gruppe der Menschen, die ein Wunder in der Heilung ohne Aufdecken des Verursachers erlebten, hatten schon, bevor sie zu mir kamen, ihre Hausaufgaben gemacht. Sie hatten selten bewusst, meist unbewusst, ihr Denken, ihre Gefühle und ihre Liebe in die richtige Ebene getragen. Was ihnen fehlte, war ein Heiler, der die Gnade der wundersamen Regulierung vom Geistig-Göttlichen übertrug. In beiden Fällen arbeitet der Heiler mit etwas, was ich ansteckende Gesundheit nenne.[9]

Dieses Thema möchte ich mit einer Durchsage aus der Geistigen Welt abschließen: *»Du kannst die Botschaft des Geistigen Heilens nicht tun, du kannst sie nur sein. Geistiges Heilen ist kein menschliches Wirken. Du bist nur der Botschafter, aber nicht die Botschaft.«*

»Wenn es beim Heilen zu einem Wunder kommt, wie empfinden Sie das? Können Sie den Vorgang beschreiben?«

Das ist eine Frage, die ich mit einer Durchsage aus der Geistigen Welt beantworten möchte: *»Sehe beim Heilen immer mit der Seele. Höre immer mit deiner Seele. Es ist die Seele, die das Wunder der Heilung erkennt. Deine Seele kann die Wahrheit der Heilung verstehen. Dein Verstand wird es bestreiten. Du musst nicht bei Verstand sein, um den Geist zu verstehen.«*

An anderer Stelle sagte ich schon, dass Heiler sich selbst zurücknehmen müssen, dass sie in Trance gehen und in einer absichtslosen Haltung sind, dass sie um Heilung beten. Jede bewusste, denkende Absicht wird abgeschaltet, und es wird nur eine liebevolle Verbindung in zwei Richtungen aufrechterhalten: zum Patienten und zum Geistig-Göttlichen.

Wenn der Heilstrom zum Fließen kommt, geschehen je nach Patient, je nach Krankheit, je nach Art der Heilung sehr unterschiedliche Dinge. Nur in ganz wenigen Ausnahmen sind sie erklärbar. Wenn ich auf der Ebene bin, auf der Geistiges Heilen möglich wird, und es entstehen dabei bildhafte Erscheinungen, sehe ich beispielsweise Farben. Es kommt vor, dass Farben erscheinen, die ich nicht beschreiben kann. Es sind Farben, die im Wachbewusstsein nicht vorkommen. Es ist kein Rot, Gelb oder Grün, es sind Farben, die keinen Begriff haben, nicht erklärbar sind, weil sie in unserer Welt nicht vorkommen. Oft habe ich versucht, sie zu erklären, aber ich bin dann sprachlos, wort- und begriffslos, mir fehlen einfach Worte und Begriffe für diese Farben. Sosehr ich mir auch das Gehirn zermartere, ich finde keine.

An einem Beispiel möchte ich es erklären:

Wenn bei einer geistigen Heilung meine geistigen Helfer körperliche Substanz auflösen, entmaterialisieren, kommt es oft zu einem leuchtenden Schwarz. Je intensiver der Vorgang, umso tiefschwärzer wurde es, bei gleichzeitig blendendem Licht in Schwarz. Ein Schwarz mit Leuchtkraft! Für unsere bewusste Farbwahrnehmung ein Unding, steht doch Schwarz für Farb- und Lichtlosigkeit. Meine innere Wahrnehmung nimmt in diesem Bewusstseinszustand Energien wahr, die außerhalb der Spektralfarben liegen. Licht anderer Frequenzen, geistiges Licht, anders kann ich es nicht erklären.

Ähnlich geht es mir mit den anderen Sinnen. Es tauchen aus dem geistigen Heilstrom Wahrnehmungen auf, die nicht von dieser Welt sind und auch mit weltlichen Begriffen unerklärbar bleiben. Es sind Einblicke in andere Dimensionen, Wahrnehmungen der Multidimensionalität.

*»Betrifft das auch Ihre Gefühlswelt, etwa
in Form von Zufriedenheit oder Erhabenheit?
Wenn bei einer Heilung etwas Besonderes geschieht,
empfinden Sie dann so etwas wie Freude?«*

Wir sollten zwei Dinge auseinanderhalten. Ein Geistheiler lebt wie jeder andere Mensch mit all seinen Fähigkeiten und Unfähigkeiten in unserer Welt. Er unterliegt den gleichen Gesetzen wie jeder andere Mensch. Er sollte sich sogar in dieser unserer Welt behaupten, um ernst genommen zu werden. Ein Geistheiler kann auch krank werden und Sorgen haben. Er ist ein Mensch wie du und ich, mit ganz normalen Gefühlen und leiblichen Bedürfnissen. Was ihn von anderen Menschen unterscheidet, ist eine erworbene Fähigkeit, das Jenseitige, das Geistige wahrzunehmen. Wie stark diese Fähigkeiten ausgeprägt sind und mit welchen Absichten er sie einsetzt, ist so individuell wie alle anderen Handlungsweisen auf der Welt. Einzig und allein sein Umgang mit Heilenergie unterscheidet ihn. Alle Vermittlungen aus dem Geiste fließen durch oder über das Bewusstsein des Heilers in die physische Welt. Je bewusster er während seiner Energiearbeit ist, in dem Sinne, dass er bereit ist zu denken und zu handeln, umso stärker wird der geistige Heilstrom durch seine menschlichen Eigenschaften und Absichten verzerrt. Um mit der eben genannten Durchsage zu sprechen: *»Du musst nicht bei Verstand sein, um den Geist zu verstehen.«*

> *»Verstehe ich Sie richtig,*
> *Geistiges Heilen geschieht ohne Gefühl?«*

Geistiges Heilen, im Besonderen bei außergewöhnlichen Ergebnissen, läuft ohne menschliche Rührung ab. Während der Heilung, wenn das Tagesbewusstsein abgeschaltet ist, kann somit weder Freude noch sonst ein Gefühl entstehen. Anders ist es nach der Heilung, im vollen Tagesbewusstsein, dann zeigen sich alle emotionalen Eigenschaften, die ein Heiler besitzt. Aus Erfahrung kann ich sagen, dass die erfolgreichsten Heiler, die ich kennengelernt habe, während und nach der Arbeit eher ernster Natur waren, obwohl sie außerhalb ihrer Heilertätigkeit Freude, Heiterkeit, Dankbarkeit und vieles mehr verkörperten.

So, wie ich dieses Thema verstehe, scheint es wichtig zu sein, die eigenen emotionalen Eigenschaften während der Heilung auszublenden. Je besser ein Heiler dies beherrscht, umso unverfälschter kann die Vollkommenheit aus dem Geiste fließen.

Am Anfang meiner Heilertätigkeit musste ich durch eigenes Erleben erfahren, was es bedeutet, wenn der geistige Heilstrom durch persönliche Motivation verzerrt wird. So durfte ich erkennen, dass Geistheilen bedeutet, zwei unterschiedliche menschliche Seiten zu leben: mit allen Emotionen und Sinnen im täglichen Leben und völlig regungsfrei und absichtslos in der Heilung. Weil Heilung Liebe ist und Liebe auch eine menschliche Ausdruckskraft ist, fällt es vielen Heilern am Anfang schwer, im Heilungsvorgang beides auseinanderzuhalten.

Wir wünschen uns, allen Menschen mit einer liebevollen Ausstrahlung zu begegnen. Doch so lobenswert liebevolle Ausstrahlung ist, sie ist nicht der geistige Heilstrom, sie ist nicht göttliche Liebe. Die menschliche Liebe öffnet den Weg, um göttliche Liebe fließen zu lassen. Heilen bedeutet Anteilnehmen und Mitteilen, und je liebevoller dies geschieht, umso kraftvoller kann Heilung entstehen. Aber wenn es dem Heiler gelingt, sein liebevolles Mitteilen auszublenden, sobald der geistige Heilstrom einsetzt, dann wird der Geist in höchster Vollkommenheit wirken. Bleibt ein Heiler während des Heilvorgangs in seinen menschlichen Gefühlen, dann wird die Botschaft verfälscht.

Dieses Ausblenden der eigenen Ausstrahlung, sobald der Heilstrom einsetzt, muss erlernt werden. Ich selbst erlernte es erst, als ich mich mit meinem geistigen Helfer absprach. Ausgelöst durch Ungereimtheiten beim Heilen, bat ich um ein Zeichen, damit ich beim Einsetzen des Heilstroms meine eigenen Mitteilungen und Zuwendungen zurücknehmen konnte. Seitdem läuft ein Heilvorgang bei mir nach dem gleichen Muster ab, egal ob ich mit Suggestionen, Handauflegen, Chakrenarbeit oder zeitverändernden Methoden wirke.

Kurz bevor der geistige Heilstrom einsetzt, muss ich gähnen. Diese unbewusste Reaktion zeigt mir: *Nimm dich zurück*. Bleibt beim Vermitteln im Heilungsritual die Reaktion des Gähnens aus, ist das ein wichtiger Hinweis. Es könnte sein, dass meine Beurteilung der Krankheit falsch ist, der Kranke vielleicht noch weitere Beratungen oder Erklärungen benötigt. Auf jeden Fall weist es mich darauf hin, dass der geistige Heilstrom nicht fließen kann, weil noch etwas ungeklärt ist. Auf eine entsprechende Frage erhielt ich von meinem Geistführer einmal folgende Antwort: »*Zuerst tue das Notwendige, dann das Mögliche, danach vertraue dem Geist und bitte um das Unmögliche.*«

Solche Durchsagen und meine Erfahrungen beim Heilen sagen mir: Es ist wichtig, die eigenen Methoden immer wieder zu hinterfragen, um nicht am Bedarf vorbei zu beraten und vorbei zu heilen.

»*Gibt es Bedingungen, unter denen eine Behandlung besser abzulehnen wäre?*«

Ja, die gibt es, und man kann sie in zwei Gruppen einteilen, in die des Heilers und in die des Patienten. Ein Beispiel: Der Heiler ist stark gestresst oder psychisch hochgradig belastet und kann somit nicht in die Ruhe kommen, die er zum Vermitteln benötigt. Wenn durch die Psyche die Gedanken nicht kontrolliert werden können, ist der Kontakt zum höheren Bewusstsein nicht möglich. Auch wenn der Heiler aus anderen Gründen keinen Zugang zum Patienten findet, ist es manchmal besser, den Heilungssuchenden weiterzureichen oder in einer Heilergruppe nach einem gemeinsamen Zugang zu suchen.

Erschwerend für uns Heiler sind Patienten, die nicht an Gott oder Geistheilung glauben. Sollte bei solchen Ungläubigen auch noch das 7. Chakra gestört sein, also die Anbindung an das Göttliche, ist Heilung erst einmal nicht zu erwarten. In einem solchen Fall ist guter Rat gefragt. Lehne ich den Patienten ab, nehme ich ihm vielleicht seine letzte Hoffnung. Behandle ich ihn trotzdem, und es stellt sich kein Erfolg ein, bestärke ich ihn damit in seiner Auffassung und bekomme unter Umständen noch eine schlechte Kritik.

An einem Beispiel aus meiner Praxis möchte ich einen solchen Problempatienten einmal beschreiben:

Als ich bei einer Heilergruppe zu Gast war, bat man mich, eine Frau zu behandeln. Einzelne Heiler und die Gruppe hatten schon mehrmals versucht, ihr zu helfen. Sie war etwa vierzig Jahre alt, von Beruf Ingenieurin und hatte am ganzen Körper Schmerzen. Die schulmedizinische Diagnose sagte: kein Rheuma, keine Nervenerkrankung.

Meine erste Frage an sie war: »Glauben Sie an Gott?«, worauf ich in barschem Ton zur Antwort bekam: »Gott gibt es nicht!« Meine zweite Frage lautete: »Glauben Sie, dass es Menschen gibt, die mit ihrer Ausstrahlung eine heilende Wirkung auf einen anderen Menschen übertragen können?« Wieder bekam ich zu hören: »So etwas gibt es nicht.« Ich fragte sie: »Warum kommen Sie denn überhaupt hierher, wenn Sie nicht an solche Dinge glauben?« »Das ist reine Neugierde«, entgegnete sie. Worauf ich sagte: »Ich bin nicht hier, um Ihre Neugierde zu befriedigen, auf Wiedersehen, ich werde Sie nicht behandeln.« Prompt kritisierte mich die ganze Gruppe, weil ich einer Hilfesuchenden meine Behandlung verweigert hatte.

Als die Erregung ein wenig abgeflaut war, stellte ich der noch anwesenden Frau eine weitere Frage, denn ich hatte während der Gespräche in ihrer Aura eine starke Schattierung gesehen, die auf Erdstrahlenbelastung hindeutete. »Glauben Sie, dass es Erdstrahlen gibt, die einen Menschen unter Umständen krank machen können?« Das könne sie sich nicht vorstellen, gab sie zur Antwort. Daraufhin sagte ich noch: »Ich glaube, dass Sie strahlensensibel sind, lesen Sie doch mal etwas darüber. Sie als Ingenieurin sollten dieses Thema verstehen.« Mit dieser Empfehlung ging sie.

Nachdem sie weg war, wurde nochmals in der Gruppe diskutiert, warum ich nicht mit meinen geistigen Helfern versucht hatte, ihr zu helfen. Dabei hatte ich das. Sie glaubte nicht an Gott, konnte sich nicht vorstellen, dass Menschen mit Handauflegen oder Gebeten heilen können. Aber sie war neugierig gewesen, und deshalb hatte ich ihr vorgeschlagen, über Erdstrahlen nachzulesen, in der Erwartung, sie würde das Thema aufgreifen.

Ich hatte richtig vermutet. Einige Monate später erfuhr ich, dass es ihr körperlich deutlich besser ging. Sie hatte, nachdem sie etwas über Erdstrahlen gelesen hatte, einen Wünschelrutengänger zu sich kommen lassen. Dieser hatte ihr einen anderen, strahlungsfreien Schlafplatz empfohlen, und seitdem ging es ihr von Tag zu Tag besser. Sie hatte also ihre Neugierde benutzt, um sich selbst zu heilen. »Heilung entsteht durch das Lösen von Problemen und nicht dadurch, dass man die Lösung vorgesetzt bekommt.«

Schauen wir uns dieses Thema »Behandeln oder nicht behandeln« etwas genauer an, denn jeder Heiler wird immer wieder damit konfrontiert. Jeder Heiler hat seine Grenzen, weil er ein Mensch ist. Nur Gott ist grenzenlos. Ein Mensch kann nicht alles tun, was er möchte, und diese Machtlosigkeit können wir in wenigen Sätzen aufzeigen.

1. Kein Mensch kann einen Mitmenschen heilen, der sein Gebrechen, sei es körperlich oder geistig, im Augenblick noch braucht, um das Wachstum seiner Seele zu fördern.

2. Kein Mensch kann einen anderen wirklich heilen, der nicht geheilt werden will.

3. Kein Mensch kann einen anderen wirklich heilen, wenn er über ihn Macht ausüben möchte.

4. Kein Mensch kann heilen, weil er heilen möchte.

5. Wenn ein Mensch nur heilen möchte oder will oder sich einbildet, bereit zu sein, oder lediglich den Wunsch hat, dazu befähigt zu sein, dann wird die Übertragung von Heilkraft nicht stattfinden.

6. Auch wenn jemand nur den Wunsch hat, Menschen mit seinen Fähigkeiten zu beeindrucken, wenn also die Motivation aus Angst oder Geltungssucht und nicht aus Liebe kommt, wird es nicht funktionieren.

In den meisten Fällen darf jedoch vorausgesetzt werden, dass der Empfangende wirklich in der Lage ist zu empfangen und dass der Gebende wirklich in der Lage ist zu geben. Nur dann kann der Austausch einer heilenden Übertragung wirklich stattfinden.

Wenn nötig – und immer zur rechten Zeit – bekomme ich von meinem Geistführer verhaltene Hinweise. Einmal sagte er zu mir: »*Sieh erst zu, dass du es selber verdienst, ein Gebender und ein Werkzeug des Gebens zu sein. Denn in Wahrheit ist es das Leben, das dem Leben gibt – während du dich als Geber fühlst, bist du nichts anderes als ein Zeuge.*«

»*Mehrmals erwähnten Sie ein Austesten mit dem Biotensor oder* VIVOMETER, *um Mangelerscheinungen herauszufinden. Ist das für einen erfahrenen Geistheiler überhaupt notwendig? Können Sie einen Menschen nicht einfach ohne Austesten heilen, der dann alle Beschwernisse überwindet?*«

Wenn bei einem kranken Menschen bestimmte lebensnotwendige Substanzen fehlen, sind Fehlfunktionen in der Körperchemie zu erwarten. Es entstehen dann Probleme im Stoffwechsel, und Zellfunktionen können entgleisen. Fehlen beispielsweise wichtige Elemente wie Kalzium oder Magnesium, so können diese im Heilvorgang nicht einfach aufgefüllt werden. Es liegt ein Mangel vor, und weil dieser viele Ursachen haben kann, ist es wichtig, den Hintergrund zu ermitteln.

Mangel durch falsche Ernährung lässt sich niemals durch Heilen beheben, nur durch Beratung mit nachfolgender Ernährungsumstellung. Bis alle Depots durch verbesserte Nahrungszusammenstellung aufgefüllt sind, kann es jedoch dauern. Daher ist es vorteilhaft, zusätzlich durch Nahrungsergänzungsmittel den Weg bis zum Ausgleich abzukürzen.

Das gilt auch dann, wenn Mangelerscheinungen durch Fehlsteuerungen im eigenen Organismus oder durch Erkrankung von Organen entstanden sind. Durch Heilen haben wir die Möglichkeit, den Verursacher zu regulieren, doch zunächst besteht ein Mangel. Der Weg in die Ausgeglichenheit kann auch in diesem Fall abgekürzt werden. In jedem Fall ist es wichtig herauszufinden, ob Mangelerscheinungen vorliegen.

»Aspirin hilft bei Kopfschmerzen, doch es wäre falsch zu behaupten, Kopfschmerzen entstehen durch Aspirinmangel im Gehirn.« Ich will damit sagen: Es muss auf jeden Fall in einer außersinnlichen Diagnose sichergestellt sein, dass ein Mangel vorliegt. Solange ein Heiler in seiner Sensitivität unsicher ist, wäre es ratsam, mit einem Fachtherapeuten, der das besser beurteilen kann, zusammenzuarbeiten.

»Gibt es unter den von Ihnen gefundenen seelischen Krankheitsverursachern welche, die in der Heilkunde bisher unterbewertet wurden?«

Sogar eine beträchtliche Anzahl. Ohne den genauen Stellenwert nennen zu wollen, möchte ich einige aufzählen – beispielsweise die bioenergetische Stärke des Nervensystems. Offensichtlich erzeugen wir die Elektrizität für unser Nervensystem, die Spannung, selbst. Doch eine Frage, die sich mir stellte, war: Wo können wir die bioelektrische Stärke messen und bestimmen?

Als Erstes fand ich in der Aura selbst brauchbare Anzeichen, gemessen mit dem *VivoMeter* oder Biotensor etwa zwanzig Zentimeter über dem Kopf (= Pluspol) und zwischen den Fußknöcheln (= Minuspol). Die Aura ist ein elektrostatisches Feld und bezieht ihre Dichte/Stärke aus den energetischen Prozessen des Körpers. Somit ist die Beurteilung – nach dem Lehrsatz »Wie innen, so außen« – sehr aussagekräftig. Bestätigung fand ich auch bei aurasichtigen Menschen. Sie können anhand der Farben, Ausbuchtungen, Einschnürungen und der Gesamtform recht gute Beschreibungen über die nervlich bedingten Prozesse im Körper geben. Der nächste Schritt der bioelektrischen Beurteilung führte über die Chakren zu den bioelektrischen Einspeisungen des Nervensystems.

Unter Einbeziehung der Ursachenforschung und entsprechenden Therapie gelang es mir, den funktionalen Zustand des Nervensystems durch Messungen außerhalb des Körpers zu bestimmen. Die wichtigsten Ergebnisse sind:

Das 3. Chakra (Milzchakra) steuert die bioelektrische Erzeugung in Form von minuspoliger Chemoelektrizität und überträgt sie in das Sonnengeflecht. Das 4. Chakra (Herzchakra) ist für die Regulierung der pluspoligen Bioelektrizität zuständig. Alle Beurteilungen der Plusenergie deuten darauf hin, dass es sich um piezoelektrische Energieerzeugung durch Flüssigkeitskristalle handelt – die aufgrund von Druckunterschieden im Körper entsteht, hauptsächlich durch Herzschlag, Atmung und Muskelarbeit im Oberkörper mit der Einspeisung über den Herzplexus. Ein weiteres Einspeisungsfeld ist das 2. Chakra (Sakralbereich) mit der Energie aus der Beinmuskulatur.

Alle Chakren, mit Ausnahme des Scheitelchakras in seiner übergeordneten Funktion, sind an der Energieerzeugung und Verteilung beteiligt. Doch die Aus- und Einwirkungen sind sehr differenziert. Das Wurzelchakra steuert Rhythmen und Wechselwirkungen im Nervensystem. Das 5. Chakra (Halschakra) ist der Vermittler zwischen den Spannungen des Bioelektrischen und Biomagnetischen, ein Wechselfeld zwischen dem Nerven- und Meridiansystem. Das 6. Chakra (Stirnchakra) ist die Zentrale im Nervensystem und reguliert über das 6. Nebenchakra *(TRAFO)* den Spannungsausgleich zwischen Gehirn und den übrigen Nerven im Körper.

Ein zentrales Ergebnis von höchster therapeutischer Bedeutung ist das Wissen über die Wechselbeziehung zwischen dem Emotionalen und dem nervlich Bedingten.

Sehnsüchte, verdrängte Wünsche, psychosoziale und psychosomatische Faktoren wirken verändernd auf die Vermittlung der Chakren und des Nervensystems ein. Solche oft spontanen Veränderungen sind erkennbar und lassen eine Beurteilung über die Belastbarkeit einer Person zu. Dieses Wissen wird dann interessant, wenn es in Heilanwendungen zum Erfolg führt. Solche Erkenntnisse der Bioenergie, in Diagnose und Therapie, bieten völlig neue und durchaus machbare Behandlungsansätze bei akuten bioenergetischen Erkrankungen und eignen sich genauso als vorbeugende Maßnahme.

Weiterhin ist betonenswert, dass die Behebung von Wechselwirkungsstörungen zwischen der Chakrenenergie und dem Nervensystem eine solide Grundlage für alle anderen Therapiearten ist. Weil die Chakren und die bioelektrischen sowie biomagnetischen Prozesse aufs Engste und lebenswichtig miteinander verbunden sind, bieten sich für einen Geistheiler gute Therapiemöglichkeiten. Das gilt besonders in den Fällen, wenn Umweltereignisse »nerven« und Emotionen schwer beherrschbar sind.

> *»Sie beschreiben den Menschen als ein aus dem Geist gespeistes Energiesystem und behandeln auf dieser Grundlage. Besteht dabei nicht die Gefahr, dass mögliche andersartige störende Einflüsse auf den Menschen – und damit auch auf seine körperliche und mentale Gesundheit – übersehen werden?«*

Wenn ich diese Frage aus der Sicht des Geistes betrachte, nach dem Motto »Der Geist formt die Materie« oder »Leben ist Geist«, können körperliche oder mentale Bereiche im Heilvorgang vernachlässigt werden. Sehen wir jedoch den Menschen als ein mit dem freien Willen ausgestattetes Wesen, dann entstehen Freiräume, die durchaus einer Eigenverantwortlichkeit in der Materie unterliegen. Noch schwieriger wird eine Antwort auf Ihre Frage, wenn wir Schicksal und Karma mit einbeziehen.

Es hängt also von unserer Einstellung ab, wie wir das menschliche Leben betrachten und nach welchen Regeln wir es verstehen. Sehen wir uns als ein vom freien Willen geprägtes Wesen – und vieles deutet darauf hin, dass es so ist –, ist es richtig, auf das Denken und das Umfeld eines Patienten zu achten. Genau genommen ist dann der freie Wille unser Schicksal und Karma. Gehen wir weiterhin davon aus, dass der Geist in seiner Vollkommenheit das bestmögliche Resultat in der Heilung erreicht, dann ist alles, was nicht oder noch nicht geheilt ist, ein Fehlverhalten von Denken, Handeln und Umwelteinflüssen.

Meine Heilerfahrungen zeigen eindeutig: Wenn es mir nicht gelingt, den ganzen Menschen mit seinen Bedürfnissen zu erfassen, ist auch das Geistige Heilen nichts Halbes und nichts Ganzes. Will ich einem Kranken die Genesung bringen, sollte jeder Winkel nach versteckten krank machenden Einflüssen durchsucht werden. Und es ist wichtig, den Kranken zu motivieren, am Heilungsprozess mitzuwirken – also seinen freien Willen einzusetzen.

Das ist auch der Grund, weshalb ich in unserem Ausbildungsprogramm zum Heiler außersinnliche und bioenergetische Diagnoseverfahren entwickelt habe. Als Heiler sollte man sich immer fragen, was muss ich unternehmen, damit der Kranke mitmacht.

Den Patienten in den Heilungsprozess mit einzubinden ist deshalb so wichtig, weil viele Menschen von Ärzten, Heilern und Therapeuten genau das erwarten, für was sie eigentlich selbst verantwortlich sind – nämlich den eigenen Körper zu erhalten!

> *»Wir sind für alles im Leben verantwortlich,*
> *sobald wir erkannt haben, dass wir für*
> *alles verantwortlich sind!«*

Diesen Satz sage ich all denen, bei denen ich spüre, dass ihr ganzes Bestreben in nichts anderem besteht als BITTE HEILE MICH!

Betrachtet man die Entwurzelung des modernen Menschen, der den Kontakt mit den Quellen des Lebens verloren hat, so versteht man sein Verlangen, den Halt im Äußeren zu suchen. Bei diesen Patienten ist es erforderlich, einen bewussten Aufbau von Seelenqualität zu erreichen. Und das wiederum bedeutet, ihre willentliche Aktivität zu fördern, die aus lebendigen Qualitäten besteht: *Verantwortung und Vertrauen!*

In besonders schwierigen Fällen finden wir neben der mangelnden Verantwortung außerdem noch Schuldzuweisungen. Wenn diese Menschen oft gesagt bekommen haben, dass nicht sie, sondern beispielsweise die Viren, die Vererbung oder die Zeitumstände schuld an ihrem Schicksal sind, dann werden sie diesen Irrsinn glauben. Es besteht aber überhaupt kein Grund, diese Menschen aufzugeben, vielmehr sollten wir ihre Einstellung akzeptieren und ihre Meinung ergründen, die nur auf Unwissenheit beruht. Neben der Stärkung aller Chakren hat ein Gespräch über Freunde, Kollegen, Partner, Eltern oder Kindheitserlebnisse sich immer als sehr förderlich erwiesen. Unwissenheit lässt sich nicht einfach wegheilen. Insofern ist Ihre Frage berechtigt.

Mit Geistheilung ist nicht alles abzudecken, die Schwierigkeiten der menschlichen Existenz können nicht allein im Himmel gelöst werden.

> *»Ich stelle mir auch oft die Frage, warum leiden wir, und vor allem, warum gibt es so große Unterschiede zwischen Gesundheit und Leid. Haben Sie eine Erklärung dafür?«*

Diese Frage ist meines Wissens nur so zu beantworten:
Der Mensch lernt auf seinem Erdenweg entweder durch Leid und Schmerz oder durch erworbenes Wissen. Beides muss gelebt und damit in Erkenntnis umgesetzt werden. Das Ziel ist es, durch Erkenntnis mehr Wissen = mehr Bewusstsein zu erreichen, egal ob erlitten oder auf andere Weise erworben. Bewusstseinserweiterung fragt nicht, wie sie entstanden ist, sie geht den Weg der Möglichkeiten. Doch diese Erklärung reicht nicht aus, Ihre Frage verständlich zu beantworten. Erst wenn wir den Sinn unseres Daseins mit einbeziehen, mindern wir unsere Erklärungsnot.

Was ist der Sinn unseres Lebens? Solange wir diese Frage nur auf einen Menschen bezogen beantworten wollen, wird es schwierig bleiben, eine akzeptable Erklärung anzubieten, denn das Leben ist ein gigantisches Gemeinschaftsunternehmen aller Seelen mit nur einem Ziel: *mehr Vollkommenheit für alle.*

So hart es für den Einzelnen klingen mag, in der Evolution ist der Einzelne untergeordnet. Erkenntnis ist beim Einzelnen nur dann wertvoll, wenn sie dem Kollektiv dient.

Das Gleiche gilt für Leid. Wenn es einen Weg gibt, über Krankheit höheres Bewusstsein zu erlangen, und es entsteht dadurch Bewusstsein für alle Seelen, hat Leid einen Sinn. Mit anderen Worten: Dort, wo Schmerzvermeiderei angeboten wird, ist die Wahrscheinlichkeit geringer, dass Erkenntnis entsteht. Wenn behauptet wird, Krankheit ist Unwissenheit, dann sollte bei Krankheit vor jeder Behandlung nach Fehlverhalten und Unwissenheit im Bewusstsein des Einzelnen und nach Abweichungen im Bewusstsein in Bezug auf die Menschen, die diese Krankheit nicht haben, gesucht werden. Das ist vor einer Behandlung deshalb wichtig, weil etwas gegeben, vermittelt wird, was noch nicht vorhanden ist.

Leben ist Geist und Information, und unser physischer Körper wird nach einem schöpferischen Plan in der materiellen Welt belebt. Das, was wir hier auf der Erde in der Evolution sehen, einschließlich des Menschen, ist eine sinnvolle Manifestation des unsichtbaren Schöpfungsprozesses. Diagnostizieren wir nun unseren Körper, die Organe, das Blut und dergleichen, kann die Frage nur auf dieser Ebene beantwortet werden.

Körperliche Untersuchungen können somit niemals den Sinn einer Krankheit in Bezug auf das Ganze, das Kollektiv, beantworten. Die Seele, den Geist und die energetischen Informationsfelder sehen wir nicht. Aber wenn wir eine Krankheit und deren unterschiedliche Heilungen beurteilen wollen, werden wir nur über die Betrachtung aller energetischen Felder und ihres Informationsaustauschs sinnvolle Antworten finden.

Wollen wir die Frage über Krankheit und Leid mit ihren unterschiedlichen Ausprägungen beantworten, müssen wir alle Bewusstseinsschichten von Körper, Seele und Geist untersuchen. Werden diese in Bezug zum Ganzen gestellt, bekommen wir nicht nur andere Antworten auf Krankheit und Heilung, sondern auch bewusstseinserweiternde Hilfe. Diagnosen über Chakren, Meridiane und die Aura, wie sie in der Geistheilung üblich sind, bieten zusätzliche Erkenntnisse, die die körperbezogene Heilkunde nicht bieten kann.

Jede einzelne Disziplin kann Ihre Frage nur unvollkommen und einseitig beantworten, die Schulmedizin etwa über Gene, Vererbung und Krankheitserreger und die Geistheilung über Schicksal, Karma und Chakrenenergie. Führen wir beide Systeme mit ihren unterschiedlichen Diagnose- und Heilmethoden zusammen, dann dürfte eine Heilkunde der Zukunft entstehen, die weniger Fragen offenlässt und eines Tages auch Ihre Frage beantworten wird.

■ ■ ■ ■ ■ ■

Nachwort

Vergangenheit und Zukunft

Zur gleichen Zeit, als Horst Krohne sein »Zentrum für Lebenshilfe« auf Teneriffa verkaufte und seine *Schule der Geistheilung nach Horst Krohne* ® in Deutschland gründete, begann ich als eine seiner eifrigsten Studentinnen, von seiner Lehre überzeugt und begeistert, in Frankfurt meine Ausbildung zum energetischen Berater/Geistheiler. Überwältigt von dem vielseitigen Lehrstoff und Horst Krohnes allumfassendem Wissen auf jedem nur erdenklichen Gebiet, übernahm ich in den folgenden Monaten immer mehr den Part seiner Assistentin.

Während der Seminare sorgte ich mit weiblichem Weitblick für das seelische Wohlergehen der Teilnehmer, angefangen bei den Dingen, die zu einem guten organisatorischen Überblick gehören, bis hin zum Verkauf und der exakten Abrechnung des Arbeitsmaterials. Höhepunkt am letzten Tag der Ausbildung war beim Verteilen der Zertifikate von Horst Krohne für jeden einzelnen Studenten immer die Durchsage aus der Geistigen Welt – und um diesen Abschluss unvergessen zu machen, arrangierte ich die Abschlussfeste nach dieser großartigen Ausbildung zum Geistheiler.

In meiner Freizeit baute ich ein Netzwerk auf zwischen denen, die sich in der Ausbildung befanden, den Dozenten, die wiederholend die Seminare besuchten und aufmerksam den Worten ihres Mentors lauschten, und dem Gründer der Schule. Ich arrangierte Treffen mit Horst Krohne, wenn er sich für kurze Zeit in Deutschland aufhielt, die außerhalb der Ausbildung stattfanden.

Ich gründete eine der ersten Arbeitsgruppen und Heilkreise zum Üben im Frankfurter Raum, um diejenigen Absolventen der Schule aufzufangen, die während und nach der etwa zweijährigen Ausbildung gerne erst einmal in einer Gruppe das Gelernte umsetzen wollten. Das führte im Laufe der Monate dazu, dass ich tiefer in die Struktur der sich im Aufbau befindlichen Schule einstieg und vertraut wurde mit den Erfordernissen ihres Gründers, der selbst weiterhin auf Teneriffa lebte.

Auf Teneriffa wurde der Berufsstand des Geistheilers schon immer geduldet. In der Schweiz stellte es vor Jahren ebenfalls kein Problem dar, zu praktizieren, in Österreich wurde der Berufszweig als Energieberater im Jahr 2003 anerkannt, und in Deutschland wurde der Beruf im März 2004 vom Bundesverfassungsgericht zugelassen. Damit war es nun auch bei uns nicht mehr nötig, erst eine Ausbildung als Heilpraktiker abzuschließen, um die erlernten Techniken einsetzen zu dürfen, und der Weg für einen neuen anerkannten Berufszweig war geboren. Inzwischen sehen viele Heilpraktiker, Masseure, Yoga- und Reiki-Lehrer, Ärzte und Zahnärzte, Menschen aus allen gesellschaftlichen Schichten diese Ausbildung als entscheidende Erweiterung ihres Könnens an.

Die Expansion der Schule setzte sich während dieser Zeit mit einer solchen Dynamik fort, dass ich am Ende des Jahres 2001 beschloss, mich ganz den Aufgaben der *Schule der Geistheilung nach Horst Krohne*® zu widmen, um als Mitkämpferin und Vermittlerin mit meiner ganzen Kraft und der Liebe meines Herzens den Aufbau zu unterstützen. Spontan gab ich meinen damals ausgeübten Beruf auf, um bei den Reisen zu den Ausbildungsseminaren in der Schweiz, Österreich und in Deutschland dabei sein zu können. Bei den Kongressen, zu denen Horst Krohne immer häufiger eingeladen wurde, konnte ich ihm eine gute Stütze als Assistentin und auch als Heilerin sein.

Ich widmete mich viele Stunden der Beantwortung der elektronischen Post und dem Aufbau einer Heilervermittlung und veranlasste das Erstellen der ersten Website für die *Schule der Geistheilung nach Horst Krohne®*. Die sehr gefragte telefonische Heilervermittlung ist heute ebenfalls über das Internet möglich. Ich fing an, viele zusätzliche Workshops und Supervisionen für Horst Krohne und die seit sieben Jahren in Österreich stattfindenden »Internationalen Heilertage« der Schule unter Leitung des Gründers zu organisieren.

Den 8. Internationalen Heilerkongress feierten wir zusammen mit dem zehnjährigen Bestehen der Schule im Mai 2008 in dem schönen Städtchen Frankfurt-Höchst. Dort präsentierten wir auch den *Heilspiegel,* das alle drei Monate erscheinende Fachmagazin der Schule.

Rückblickend kann ich sagen, dass ich mit Horst Krohne, der mittlerweile mein Mann ist, die bisher dynamischste Zeit meines Lebens verbracht habe. Es war und ist für mich nach wie vor eine große Herausforderung, seine vielen Aufzeichnungen auf einem aktuellen Stand zu halten. Und es freut mich, dass die unzähligen Vorträge, die er auf Kongressen und Tagungen im In- und Ausland gehalten hat, und vor allem die daran anschließenden hochinteressanten Diskussionen mit ihm, die sein enormes Wissen widerspiegeln, jetzt auch in Form von Büchern und CDs der Öffentlichkeit zugänglich sind.

Ich wünsche Ihnen viel Freude und besinnliche Stunden beim Lesen und Hören seiner umfassenden Lehre.

Herzlichst,
Anneli Krohne-Hösbacher
Teneriffa, Dezember 2009

Danksagung

Die Anregung für dieses Buch, wie auch für meine vorangegangenen Bücher, stammt aus Gesprächen mit Freunden und Patienten. Bedanken möchte ich mich bei Dr. Joachim Haas, der mir wertvolle Anregungen in Gesprächen und für den Inhalt dieses Buches gab. Ein Dank geht auch an Waltraud Urbanek, die mir viele Teile des Textes in den Computer schrieb.

Mein ganz besonderer Dank gilt meiner Frau Anneli, die immer dafür sorgte, dass Gespräche und Behandlungsabläufe aufgezeichnet und dokumentiert wurden und somit für eine Auswertung vorlagen. Sie gab mir auch die Zeit, alles niederzuschreiben, und beim Redigieren meiner Texte war und wird sie mir auch weiterhin eine große Hilfe sein.

Ich bedanke mich bei der grenzenlosen universellen Intelligenz, die durch mich und alle anderen Menschen wirkt und die es mir ermöglicht hat, die inneren Zusammenhänge, die das Leben darstellt, verstehen zu lernen.

Horst Krohne
Teneriffa, Dezember 2009

ÜBER DEN AUTOR

- 1934 geboren in Berlin.
- Lehre als Feinoptiker für astronomische Instrumente/Spiegelteleskope mit Abschluss der Meisterprüfung.
- Im zweiten Bildungsweg erlernte er die Betriebs- und Verkaufspsychologie.
- Nach der anschließenden Ausbildung zum Kosmobiologen/Astrologen und zum Radiästhesisten stieg er 1970 aus dem Wirtschaftsleben aus und eröffnete das »Zentrum für Lebenshilfe« mit Hotel auf Teneriffa.
- Acht Jahre lang praktisches Studium des Phänomens des Geistigen Heilens im eigenen Zentrum auf Teneriffa, »Zentrum für Lebenshilfe«, mit Heilern aus allen Kulturkreisen.
- 1999 – nach 25-jährigem Bestehen – Verkauf des »Zentrums für Lebenshilfe«.
- Seit 1985 internationale Lehrtätigkeit in Radiästhesie, Heilmeditation und Geistigem Heilen im deutschsprachigen Raum. In Zusammenarbeit mit Ärzten, Psychologen und Psychiatern entstand das Lehrprogramm der »Schule«.
- 1999 Gründung der *Schule der Geistheilung nach Horst Krohne®* im deutschsprachigen Raum (Deutschland, Schweiz, Österreich).
- Durch seine mediale Begabung und Chakrasichtigkeit gelingt es ihm, beim Menschen mit seinem Lehrprogramm die Selbstheilungskräfte sowie die heilerischen Fähigkeiten zu aktivieren.

- Seit mehr als 10 Jahren wird sein Programm europaweit als Aus- und Fortbildung im Bereich der Geistheilung gelehrt (er selbst lehrt es seit über 30 Jahren).
- Seit 2001 jährlich »Internationale HEILERTAGUNG«/Kongress.
- Seit Jahren bestehen europaweit Einladungen als Referent – bei den Schweizer PSI-Tagen, internationalen Kongressen, Messen und anderen Heilerveranstaltungen.
- Horst Krohne hatte bereits mehrere Fernsehauftritte bei ARD, ZDF, ARTE.
- Er hält Vorträge, gibt Workshops und Supervisionen für Heiler der *Schule der Geistheilung nach Horst Krohne*®.
- Herbst 2006 Gründung von zwei HEILZENTREN im Raum Frankfurt.
- Im Mai 2006 erscheint zur HEILERTAGUNG das Fachmagazin der SDGH, HEILSPIEGEL Nr. 1, im Jahr 2007 HEILSPIEGEL Nr. 2 – 5, im Jahr 2008 HEILSPIEGEL Nr. 6 – 7, Redaktion Anneli Krohne-Hösbacher. (Ab HEILSPIEGEL Nr. 8, September 2008, wurde das Fachmagazin von der SDGH GmbH übernommen.)

BÜCHER UND CDS VON HORST KROHNE

BÜCHER:

1999 *Die Schule der Geistheilung*, Ansata Verlag
ISBN 978-3-7787-7202-7

2002 *Handbuch für Heilende Hände*, Ansata Verlag
ISBN 978-3-7787-7223-2

2003 *Organsprache-Therapie*, Ansata Verlag
ISBN 978-3-7787-7238-6

2004 *Geheimnis Lebenskalender*, Ansata Verlag
ISBN 978-3-7787-7268-3

2005 *Das Hausbuch der Geistheilung*, Ansata Verlag
ISBN 978-3-453-70132-8

2006 *Neue Sicht des Geistigen Heilens*, AMRA Verlag
ISBN 978-3-939373-01-8

2007 *Geistheilung ist ansteckende Gesundheit*, Ansata Verlag
ISBN 978-3-7787-7328-4

2009 *Geistheilung mit dem Lebenskalender*, Heyne Verlag
ISBN 978-3-7787-7328-4

2009 *Das Hausbuch der Geistheilung*, Heyne Verlag
ISBN 978-3-7787-7292-8

CD:

Selbstheilung durch Chakra-Meditation, Ansata Verlag
ISBN 978-3-7787-7269-0
Meridian-Heilmeditationen, Ansata Verlag
ISBN 978-3-7787-7340-6

KARTEN-SET:

AUROSKOP, Ansata Verlag
ISBN 978-3-7787-7261-4

Kontaktmöglichkeiten

Horst & Anneli Krohne
C/. Acevino 14, Portal 1, AM
E-38400 Puerto de la Cruz, La Paz
Tenerife, Islas Canarias

Anneli Krohne-Hösbacher
und Horst Krohne
Lutherstr. 76
D-63225 Langen in Hessen

ahoesbacher@gmx.de

Horst Krohne: Gründer der
Schule der Geistheilung nach Horst Krohne ®

AUSBILDUNG mit Abschluss Zertifikat
Heilervermittlung
Übungs- und Heilkreise
Bücher von Horst Krohne
HEILSPIEGEL-Magazin

www.schule-der-geistheilung.de
office@schule-der-geistheilung.de

Fussnoten

[1] Näheres hierzu in *Organsprache-Therapie. Neueste Methoden der Geistheilung in Verbindung mit Aura und Meridianen*, Ansata Verlag, München 2003.

[2] Näheres hierzu in *Geheimnis Lebenskalender. Heilen mit dem Gedächtnis des Energiekörpers*, Ansata Verlag, München 2004; auch als Taschenbuch: *Geistheilung mit dem »Lebenskalender«. Wie Sie Belastungen und Blockaden aus dem Gedächtnis Ihres Energiekörpers löschen*, Heyne Verlag, München 2009.

[3] Näheres hierzu in *Geheimnis Lebenskalender. Heilen mit dem Gedächtnis des Energiekörpers.*

[4] Louise L. Hay, *Heile deinen Körper. Seelisch-geistige Gründe für körperliche Krankheit*, übersetzt von Karl Friedrich Hörner, Lüchow Verlag, Freiburg i. Br. 1989 ff. (überarbeitete und erweiterte Neuausgabe).

[5] *Geistheilung ist ansteckende Gesundheit. Wie und warum Heilung durch Energie funktioniert*, Ansata Verlag, München 2007

[6] *Die Schule der Geistheilung*, Ansata Verlag, München 2001; ab Seite 35.

[7] vgl. *Organsprache-Therapie. Neueste Methoden der Geistheilung in Verbindung mit Aura und Meridianen.*

[8] *Geheimnis Lebenskalender. Heilen mit dem Gedächtnis des Energiekörpers.*

[9] Näheres hierzu in *Geistheilung ist ansteckende Gesundheit. Wie und warum Heilung durch Energie funktioniert.*

Wünsche visualisieren, Träume verwirklichen

BRIAN MAYNE
Goal Mapping
192 Seiten
€ [D] 12,99 / € [A] 13,40
sFr 18,50
ISBN 978-3-548-74550-3

Goal Mapping zeigt auf, wie wirkungsvoll die Rolle des Unbewussten bei der Erreichung von Lebenszielen ist. Es beruht auf alter Weisheit und moderner Lerntechnik. Die Einzigartigkeit dieser Manifestationstechnik besteht in der Arbeit mit Bildern: der Sprache des Unbewussten. Goal Mapping hilft dem Leser bei der Visualisierung seiner Wünsche durch eine einfache, überall einsetzbare Methode.

Lebenshilfe kompakt

RENATO MIHALIC
Das Geheimnis der Mujas
*Meditationen für ein
neues Bewusstsein*
160 Seiten
€ [D] 8,99 / € [A] 9,30
sFr 12,50
ISBN 978-3-548-74549-7

Die altägyptischen Mujas sind spezielle Kombinationen von Finger- und Handstellungen sowie Akupressurpunkten, die verschiedene energetische Systeme miteinander verbinden. Sehr leicht und überall sofort anwendbar, verhelfen diese Werkzeuge dem Menschen zu mehr Klarheit und Wohlsein. Darüber hinaus unterstützen sie ihn, sich feiner auf sich selbst auszurichten, sich dem »Jetzt-Augenblick« hinzugeben und neue Lösungen zu finden.

Jetzt auf

Der Sensationserfolg aus den USA jetzt in den deutschen Kinos

LOUISE L. HAY
You Can Heal Your Life
Der Film
€ [D+A] 24,95 / sFr 47,50
ISBN 978-3-7934-2157-3

Unter der Regie von Hollywood-Regisseur Michael Goorjian entfaltet sich in großartigen Bildern die Geschichte einer spirituellen Sucherin, die mit Louise L. Hay zu einem neuen Leben findet.